Educação profissional no Brasil

SÍNTESE HISTÓRICA E PERSPECTIVAS

Dados Internacionais de Catalogação na Publicação (CIP)
(Jeane Passos de Souza – CRB 8ª/6189)

Cordão, Francisco Aparecido
    Educação profissional no Brasil: síntese histórica e perspectivas / Francisco Aparecido Cordão, Francisco de Moraes. – São Paulo: Editora Senac São Paulo, 2017.

    Bibliografia.
    ISBN 978-85-396-1311-3

    1. Educação 2. Educação: Brasil   I. Moraes, Francisco de. II. Título.

17-588s

CDD-370.981
BISAC EDU000000

Índice para catálogo sistemático:
1. Educação: Brasil   370.981

FRANCISCO APARECIDO CORDÃO
FRANCISCO DE MORAES

Educação profissional no Brasil

SÍNTESE HISTÓRICA E PERSPECTIVAS

EDITORA SENAC SÃO PAULO – SÃO PAULO – 2017

ADMINISTRAÇÃO REGIONAL DO SENAC NO ESTADO DE SÃO PAULO
Presidente do Conselho Regional: Abram Szajman
Diretor do Departamento Regional: Luiz Francisco de A. Salgado
Superintendente Universitário e de Desenvolvimento: Luiz Carlos Dourado

EDITORA SENAC SÃO PAULO
Conselho Editorial: Luiz Francisco de A. Salgado
Luiz Carlos Dourado
Darcio Sayad Maia
Lucila Mara Sbrana Sciotti
Luís Américo Tousi Botelho

Gerente/Publisher: Luís Américo Tousi Botelho
Coordenação Editorial: Verônica Pirani de Oliveira
Prospecção: Andreza Fernandes dos Passos de Paula, Dolores Crisci Manzano, Paloma Marques Santos
Administrativo: Marina P. Alves
Comercial: Aldair Novais Pereira
Comunicação e Eventos: Tania Mayumi Doyama Natal

Edição e Preparação de Texto: Heloisa Hernandez
Coordenação de Revisão de Texto: Marcelo Nardeli
Revisão de Texto: Karinna A. C. Taddeo, Sandra Regina Fernandes
Projeto Gráfico e Editoração Eletrônica: Antonio Carlos De Angelis
Capa: Thiago Planchart
Fotos da Capa: Acervo Memória Institucional do Senac São Paulo
Impressão e Acabamento: Gráfica Visão

Proibida a reprodução sem autorização expressa.
Todos os direitos desta edição reservados à

EDITORA SENAC SÃO PAULO
Av. Engenheiro Eusébio Stevaux, 823 - Prédio Editora
Jurubatuba - CEP 04696-000 - São Paulo - SP
Tel. (11) 2187-4450
editora@sp.senac.br
https://www.editorasenacsp.com.br

© Editora Senac São Paulo, 2017

Sumário

Nota do editor, 7

Agradecimentos, 9

Prefácio – *B. Amin Aur*, 11

Apresentação | Começo de conversa,
uma síntese histórica deste livro, 13

*****

Pré-história, 17

História de dualismo ou fragmentação, 27

Linha do tempo, 35

Heranças malditas e benditas, 59

Pobres e nobres, 67

Após a educação básica tudo é educação profissional, 77

Escolas técnicas públicas: federais e estaduais, 91

Liceus de artes e ofícios / escolas ferroviárias, 101

Serviços nacionais de aprendizagem, 109

Sindicatos de trabalhadores e educação profissional, 117

Educação corporativa, 121

Evolução dos conceitos, 125

Diretrizes curriculares nacionais, 133

De patinho feio a cisne dourado, 143

Discurso oficial e realidade, 149

Perspectivas de curto, médio e longo prazo, 153

Formação docente, 157

Itinerários formativos, 167

Ranços e avanços, 175

Articulação curricular, 181

Profissões técnicas e tecnológicas, 187

Normas educacionais e profissões regulamentadas, 195

Estágio profissional supervisionado, 199

*****

Bibliografia, 205

Sobre os autores, 235

Nota do editor

Esta publicação parte da premissa de que, para compreender melhor a educação profissional no Brasil, é necessário saber suas origens. E nada melhor que conhecê-la a partir do olhar de quem discutiu e participou ativamente da definição de políticas públicas de educação no país.

A narrativa traz um resgate histórico do Brasil-Colônia, relatando "heranças malditas" que chegaram com a Coroa portuguesa, como o escravismo, o cartorialismo e o patrimonialismo, assim como a desvalorização do trabalho manual, ora associado à ideia de paraíso perdido, ora à escravidão, ao *tripalium*, instrumento de tortura. Em contraposição, o trabalho intelectual era valorizado, mas restrito a poucos.

Tais concepções repercutiram no estabelecimento de políticas públicas para a educação no Brasil, a partir do governo Vargas, com a demanda industrial por mão de obra especializada e a reivindicação por uma escola democrática, acessível a todos. Assim foram então criadas as primeiras instituições de ensino profissional – sendo o Senac uma delas.

Todo esse trajeto até os dias de hoje foi permeado por muitas leis, decretos e pareceres, detalhadamente comentados pelos autores, que destacam as vitórias e os atuais desafios da educação profissional.

O Senac São Paulo, comprometido com o desenvolvimento da educação profissional, visa, por meio desta publicação, oferecer conteúdo para suscitar novas reflexões e propostas para esse tema de importância nacional.

Agradecimentos

Aos nossos familiares, que nos apoiaram na carreira profissional e nos incentivaram na caminhada. Aos amigos e às amigas do Senac, do Senai, do Centro Estadual Paula Souza, dos Institutos Federais e similares. Ao Conselho Nacional de Educação e aos Conselhos de Educação dos estados e dos municípios, com os quais muito aprendemos. Aos nossos professores e professoras, que nos ensinaram a aprender e a compartilhar tudo o que aprendemos. Aos profissionais da educação que atuam em território brasileiro e são comprometidos com a educação democrática de qualidade, em especial quanto ao entendimento da educação profissional na confluência dos direitos fundamentais de cidadania, de educação, de trabalho e de renda. Aos nossos educandos e educadores com quem partilhamos saberes ao longo de nossas vidas. Aos nossos leitores, na esperança de estarmos contribuindo efetivamente para concretizar uma educação profissional democrática e de excelência.

Prefácio

Prefaciar uma obra tem um claro significado de adesão, seja ao texto, seja aos autores. Neste caso, para mim, significa adesão a ambos...

Os autores são meus companheiros de trabalho em caminhos percorridos durante anos, sempre associados ao desenvolvimento da formação de profissionais, valorizando-a como processo educacional. Companheiros, também, de jornadas em consultorias e assessorias e em conselhos de educação, sempre procurando a adequada aplicação pedagógica das leis e normas à educação profissional, muito frequentemente considerada inferior à educação chamada de acadêmica ou de "regular".

Os leitores que não os conhecem pessoalmente poderão vislumbrar, mesmo que de relance, as qualidades pessoais desses dois Franciscos em algumas entrelinhas do que expõem com competência e seriedade, pois as narrativas não são impessoais. Em boa parte, são seus testemunhos, o que torna a leitura de adicional proveito.

Poderão, igualmente, aproveitar o panorama histórico, desde o aprendizado informal dos indígenas no seu viver cotidiano até as formas regulamentadas e complexas dos dias atuais, passando por períodos tão diversos de progressão no tempo, que incluem um período colonial, um Vice-Reino, um Reino, dois Impérios e várias Repúblicas... O leitor encontrará os passos dados em cada momento dessa linha do tempo, com suas referências legais e imbricações políticas, sociais e econômicas.

O conhecido dualismo entre a educação acadêmica e a profissional, abordado diretamente, permanece subjacente em toda a obra, pois, como é destacado, persistem as más heranças do *escravismo*, do *cartorialismo* e do *patrimonialismo*, que reforçam preconceitos em relação ao trabalho e ao aprendizado profissional.

Os leitores terão, ainda, um verdadeiro guia para reconhecimento da legislação e da profusão de variadas normas que atualmente indicam diretrizes ou parametrizam a Educação Profissional, incluindo as recentes alterações na Lei de Diretrizes e Bases da Educação Nacional que, ao reorganizarem o ensino médio, a inserem no currículo deste, como um dos itinerários formativos elegíveis.

Enfim, é obra de múltiplas abordagens, permitindo que os leitores, ao conhecimento, acrescentem suas próprias interpretações.

É obra, portanto, para fazer pensar.

B. AMIN AUR

Consultor em educação de instituições públicas e privadas de educação básica, profissional e superior da Organização das Nações Unidas para a Educação, a Ciência e a Cultura (Unesco), do Conselho Nacional de Educação (CNE), do Ministério da Educação (MEC), do Ministério da Cultura (MinC) e das Secretarias Estaduais de Educação. Foi diretor regional do Senac São Paulo, secretário de Mão de Obra (Educação Profissional) do Ministério do Trabalho, presidente do conselho deliberativo do Centro Paula Souza (CPS), membro dos Conselhos Estadual e Municipal de Educação de São Paulo e membro honorário da Academia Paulista de Educação (APE).

APRESENTAÇÃO
Começo de conversa, uma síntese histórica deste livro

Esta publicação foi construída ao longo de nossas vidas, em mais de quarenta anos dedicados à educação profissional, em especial no Senac São Paulo.

Reflexões, conversas, textos para múltiplos fins, pareceres em conselhos de educação, artigos técnicos, livros e capítulos de livros, entrevistas em jornais e revistas especializadas, planos institucionais e de cursos, propostas regimentais e outros documentos foram produzidos por nós ou por um de nós ao longo da nossa vida profissional.

No início deste século, nós dois nos aposentamos no Senac São Paulo. Quando me aposentei, em 2002, o conselho editorial da Editora Senac São Paulo aprovou a edição de um livro com título provisório de *Educação profissional*, que deveria ter sido escrito em dois ou três anos. Compromissos com o Conselho Nacional de Educação, palestras pelo Brasil afora, consultorias e outras atividades educacionais inviabilizaram essa produção. Na época da minha aposentadoria, eu já estava bastante assoberbado no Conselho Nacional de Educação, em que tinha assumido a presidência da Câmara de Educação Básica em um período de consolidação de diretrizes curriculares nacionais. Assim, o livro ficou para o final de meu segundo e último mandato naquele colegiado. Terminado esse mandato, entretanto, eu me envolvi integralmente na implantação de uma Escola Sesc de Ensino Médio no Rio de Janeiro, planejada para ser uma escola de excelência e modelo de ensino médio para o Brasil. Em 2008, retornei ao Conselho Nacional de Educação para cumprir um terceiro e depois um quarto mandato como conselheiro, com forte indicação dos conselhos e das secretarias de educação de estados e municípios. Não havia como concluir essa obra em meio a tantos compromissos, embora já tivesse produzido material volumoso publicado em artigos e capítulos de livros, bem como utilizado em palestras e pareceres relatados nos conselhos dos quais participei.

Em uma reunião de trabalho na Peabiru Educacional, na Vila Mariana, em São Paulo, o professor Francisco de Moraes conheceu todo esse material e lembrou-se de que parte dele fora utilizado para consultas que o levaram ao livro de sua autoria sobre empresas-escola, publicado em 2010. Conversamos então sobre a conveniência de retomar o projeto do livro, pois ainda havia carência de uma obra consistente sobre educação profissional no Brasil.

Entre 2010 e 2014, muitos dos candidatos aos governos municipais e estaduais, bem como os principais candidatos à Presidência da República, sem contar os candidatos a senadores, a vereadores, a deputados federais e estaduais, trataram da educação profissional quase como uma panaceia para a solução de importantes questões do trabalho e do desenvolvimento nacional. Trata-se de um evidente exagero que ciclicamente se repete nos últimos cem anos, principalmente movidos pelo viés assistencialista, entremeado com períodos de nítido preconceito e desprezo também exagerado, nos quais a educação profissional é relegada a papel secundário, como uma espécie de compensação para a exclusão das massas assalariadas ao acesso à universidade, por meio de vestibulares exageradamente seletivos, em especial para os cursos de maior prestígio social e de maior potencial de trabalho e renda.

Nossa conversa foi aprofundada em diversas outras oportunidades e consolidou-se numa proposta de parceria, pela qual procuramos viabilizar a produção conjunta do livro. O primeiro esforço foi completar a compilação de todo o material já escrito. O professor Chico assumiu o compromisso de ler atenciosamente o volumoso material produzido, procurando costurar um arcabouço que possibilitasse a construção do texto final de uma obra conjunta. Após várias conversas, chegamos a um acordo preliminar sobre título, abrangência, público-alvo e focos temáticos centrais. Algum tempo depois, chegamos à definição de um roteiro negociado e ao título *Educação profissional no Brasil: síntese histórica e perspectivas*.

Ao final de 2015, já estava coletada e selecionada boa parte dessa produção pessoal e a maior parte da extensa bibliografia listada ao final deste livro. Tínhamos mais de 5 mil páginas disponíveis. Relemos a maior parte desse material e o debatemos. A partir daí, o desafio maior passou a ser o de selecionar o material mais relevante, suprimir redundâncias, costurar discrepâncias, produzir a síntese histórica idealizada e construir uma análise criteriosa das perspectivas vislumbradas. Nossa proposta inicial era produzir um livro que não passasse de duzentas páginas em texto inteligível para docentes e especialistas em educação básica e educação profissional, bem como para estudantes que contassem com, no mínimo, o ensino fundamental completo. Entretanto, apenas após o término do meu mandato no Conselho Nacional de Educação, já no segundo semestre de 2016, foi possível superar a inércia a que o tamanho do desafio nos conduziu.

Decididos a retomar a tarefa conjunta, começamos a trabalhar nos arquivos recolhidos até o final de 2015, acrescidos de outros materiais produzidos ao longo de 2016. Como o livro já estava praticamente "pronto" em nossas cabeças, o trabalho maior foi o de retirar os excessos (mal comparando e muito pretensiosamente, tudo o que não era David no bloco de mármore, segundo nossa concepção, foi descartado, objetivando preparar a nossa obra almejada).

FRANCISCO APARECIDO CORDÃO

*****

O professor Cordão já resumiu a contento os bastidores deste livro. Entrei nele como coadjuvante ativo, espécie de articulador de ideias, costureiro de frases e implacável cobrador de prazos e cortador de redundâncias, apostos e citações. Em outras palavras, o "chato" que encurtou os discursos. Adaptei um pouco o meu estilo de escrever, pois julgo essencial que o professor Cordão seja reconhecido neste livro, por quem já o conhece de palestras, debates e dezenas de pareceres relatados nos conselhos de educação, especialmente em São Paulo e no CNE. Assim, foi mantida a citação resumida de boa parte de suas referências quase enciclopédicas de leis, decretos e normas que impactaram historicamente e ainda impactam a educação profissional brasileira.

Neste livro, utilizamos a primeira pessoa do singular tão somente para tratar de experiências ou afirmações bem individuais do professor Francisco Aparecido Cordão, em especial quanto à sua atuação pessoal nos Conselhos de Educação. Nos demais casos, usaremos sempre o plural (nós) quando emitirmos opiniões ou tratarmos de vivências que foram comuns a ambos. Afinal, convivemos no Senac por mais de trinta anos e compartilhamos diversas experiências em colegiados, seminários e congressos nos quais a educação em geral e a educação profissional foram o foco central dos debates.

FRANCISCO DE MORAES

Pré-história

ANTES DE 1500 – AS NAÇÕES
INDÍGENAS DO BRASIL ORIGINAL
PRÉ-CABRALINO E A EDUCAÇÃO
INTEGRAL: EDUCAÇÃO FAMILIAR,
INSERÇÃO SOCIAL, EDUCAÇÃO PARA A
VIDA E EDUCAÇÃO PARA O TRABALHO
COMO PROCESSO CONJUNTO E
UNÍVOCO.

Quando os portugueses aportaram no litoral baiano em 1500, viviam em território brasileiro entre 3 e 5 milhões de habitantes genericamente chamados de indígenas. Eram quase 3 centenas de nações indígenas, vagamente identificadas pelos primeiros colonizadores como pertencentes a quase uma dezena de etnias, de acordo com o tronco linguístico de origem. Os primeiros contatos entre índios e portugueses foram de muita estranheza, pois se tratava de duas culturas muito diferentes e de mundos completamente distintos. Em decorrência do contato com os brancos, quase todas as nações indígenas originais simplesmente foram extintas ou perderam sua identidade cultural.

Essas nações ou etnias indígenas existentes no Brasil antes de 1500 e seus escassos sobreviventes neste início do século XXI remetem a fatos históricos complexos, com muitas diferenças entre cada grupo ou etnia, porém com alguns pontos de identificação já formulados por estudos antropológicos, e muitas dúvidas ainda remanescentes. Todos esses povos, nações ou etnias compõem ou compuseram a população nativa do país-continente hoje conhecido como Brasil. Normalmente são esquecidos ou omitidos em quase todas as abordagens sobre educação e trabalho e sobre a cultura brasileira, como se a vida nestas terras tivesse tido início com a chegada dos portugueses. Essa invisibilidade dos povos indígenas brasileiros é fruto direto da forma preconceituosa como esses primeiros habitantes da terra foram tratados por nossos colonizadores.

A maioria das sínteses históricas sobre o Brasil tem início com a chegada da esquadra de Cabral a Porto Seguro. Entretanto, julgamos que é imprescindível tratar, de alguma forma, do que acontecia com esses povos, os verdadeiros brasileiros originais. Esses povos já viviam por aqui durante alguns milênios, como indicam os registros paleontológicos encontrados.

Embora grande parte desses povos pertença à fase ágrafa, pré--histórica, sem registros identificáveis, pela análise dos povos remanescentes e de sua cultura é possível inferir algumas possibilidades. Ainda hoje, apesar de todos os problemas vivenciados por eles em decorrência da invasão colonizadora, há mais de 3 centenas de povos indígenas remanescentes e quase 2 centenas de idiomas ainda sobreviventes.

Quanto à educação em geral e à educação profissional em particular, temos convicção de que os processos educacionais indígenas tinham relação mais íntima e direta com a vida cotidiana e com a socialização das pessoas. As distinções entre educação familiar, educação para o trabalho e para o lazer e educação religiosa, por exemplo, eram muito sutis e quase imperceptíveis. O processo de educação praticamente se confundia com o de socialização e era muito integrado com o crescimento físico e com o desenvolvimento psicológico e social das crianças, dos adolescentes e dos jovens. Brincar, viver, aprender, pescar, caçar e produzir artefatos eram ações mais integradas, sem separações formais significativas. Os estudos antropológicos indicam que os cuidados com a estética e com o cultivo do belo, e com a qualidade dos artefatos produzidos, eram bastante exigentes. A aplicação dos indígenas das diversas nações ou etnias estudadas em seus desafios de sobrevivência, em lutas preparatórias e em enfrentamentos durante as guerras era extremamente cuidadosa e detalhista.

Os rituais de iniciação e de passagem entre as etapas da infância para a adolescência e para a vida adulta tinham papel importante nesse processo, associados aos mitos e costumes transmitidos oralmente entre as gerações. Nesses processos, era elevado o poder dos mais velhos, na qualidade de sábios experientes, especialmente para a garantia da manutenção da estabilidade das comunidades. Novos conhecimentos ou novas técnicas só eram incorporados quando aceitos pela estrutura hierárquica estabelecida e congruentes com o quadro de crenças e de conhecimentos acumulados pelos experientes sábios, em especial os mais idosos.

As mães, nas principais nações já estudadas, apresentam dedicação extrema para com seus filhos, dispensando-lhes cuidados especiais e atenção constante, o que inclui amamentação até os 5 anos de idade ou mais. Isso é mais um indicador da existência de integração entre educação, saúde e vida, num sentido mais amplo e holístico.

Em texto já clássico sobre a educação dos tupinambás, Florestan Fernandes (2009) analisa a complexidade embutida na aparência normalmente simplificada das observações superficiais que são feitas pelos nossos estudiosos em relação aos processos educacionais entre aqueles povos nativos. Ainda sobre os tupinambás, o pesquisador Jérôme Thomas, em sua obra *As crianças tupinambás e sua educação no século XVI: ternura, dor, obediência*, registra que

> Ritos de passagem socializam os membros mais jovens de uma dada sociedade. Os tupinambás não são exceção. (...) São eles que permitem tecer elos sociais, integrar idades e instaurar uma diferença de gêneros. Distante de uma visão ideológica veiculada pelos portugueses que apresentam essas comunidades sem regras educativas, a sociedade tupinambá, ao contrário, é estruturada e preocupada com a educação de suas crianças. (Thomas, 2014, p. 23)

A complexidade a ser considerada deve ser ampliada pela constatação de expressivas variações que a simples leitura dos nomes das diferentes etnias ou nações já nos sugere.

A Peabiru Educacional teve forte inspiração nessa complexidade da vida indígena, mais especificamente em seus caminhos entre os povos no continente sul-americano, unindo os oceanos Atlântico e Pacífico. Seja significando "caminho para o Sol", para aqueles incas que, a partir do litoral do oceano Pacífico, buscavam subir os Andes – a "montanha do Sol" –, seja significando "caminho para o alto", para aqueles tupis-guaranis que subiam a serra do Mar a partir do litoral do oceano Atlântico para atingir o planalto paulistano, seja com significados outros, tais como "caminho de grama amassada" (na origem tupi-guarani, "*pe*"= caminho e "*abiru*"= grama amassada) ou de "grama fina", ou mesmo "caminho das pedras", ou simplesmente "caminho de ida e volta" ou "*Peabuyu*", garantindo as ações e o direito de "ir e vir". De qualquer forma, Peabiru indica um conjunto de trilhas ou "caminho dos índios" que já existia por aqui, muito antes dos históricos "descobrimentos" da América e do Brasil e dos interesses de espanhóis e portugueses merecerem a celebração do Tratado de Tordesilhas.

O Caminho Peabiru tem incontestável presença em terras sul-americanas e importância histórica indiscutível – possibilitou a migração e o intercâmbio das várias culturas indígenas no continente, a descoberta de riquezas, a criação de missões religiosas, as trocas comerciais e o estabelecimento de povoados e cidades. O conjunto de "trilhas" ou "estradas" do Peabiru ainda permanece até hoje como um grande mistério e objeto de acirrado debate entre especialistas, tanto em relação às suas origens históricas quanto ao significado de seu nome.

O tronco principal dessas trilhas misteriosas poderia chegar a mais de 3 mil quilômetros. No Brasil, acredita-se que esse caminho começava na região que foi destinada à capitania de São Vicente, no litoral paulista, cruzando os estados de São Paulo e Paraná, entrando no Chaco paraguaio entre o Salto de Sete Quedas e Foz do Iguaçu, passando pela Bolívia e cruzando os Andes, alcançando Cusco/Peru, na costa do Pacífico. Além do tronco que identificamos como principal, existiam outros, que tanto poderiam ser secundários quanto principais. Um deles cruzava o rio Paranapanema na atual divisa entre os estados de São Paulo e Paraná, seguindo para o sul, passando pelas atuais cidades de Campo Mourão e Peabiru. Outro, ainda, partia do litoral de Santa Catarina rumo ao Paraguai ou mesmo à Argentina, daí juntando-se ao chamado tronco central, já em território paraguaio ou mesmo boliviano. Todas essas trilhas interligadas, curiosamente, apresentavam a mesma forma, conforme constatado nos vestígios já encontrados: 8 palmos de largura, na medida antiga, equivalentes a cerca de 1,40 m ou mais. Para evitar a erosão por chuvas e ventos, as trilhas eram forradas com vários tipos de grama fina e, também, até mesmo pavimentadas com pedras em certos trechos mais críticos.

Nos dias atuais, existe consenso quanto à existência do "Caminho Peabiru". O mistério persiste no que se refere aos criadores desse caminho: uns julgam que seria uma obra dos incas, que percorreram o continente, tendo por objetivo o alargamento de seu grande império. Outros acreditam que o Peabiru poderia ser pré-incaico, com segredos ainda não desvendados e que poderiam estar sepultados em épocas muito remotas, contando até mais de mil anos. Outra corrente credita essa obra a uma grandiosa realização de nossos próprios indígenas, principalmente dos tupis-guaranis. Há quem divirja, atribuindo-a aos jês e até aos tapuias, etnias consideradas mais atrasadas que os tupis e guaranis. Outros, entretanto, referem-se aos carijós como sendo os responsáveis pela construção dessas trilhas de ir e vir entre os povos indígenas.

Existe uma lenda, na tradição indígena, que atribui a construção do Peabiru a um tal de Tumé, que os portugueses grafaram como Sumé ou Zumé, um homem bondoso e enérgico, de virtudes extraordinárias e forte como seus companheiros. Os missionários espanhóis preferiam acreditar que esse Tumé fosse uma corruptela do nome de São Tomé – o apóstolo do "só ver para crer", pois esse Tumé era descrito pela lenda indígena como um homem de grande porte e barbudo, que teria percorrido o território sul-americano, ensinando aos índios técnicas agrícolas, como o cultivo da mandioca e da banana São Tomé, bem como hábitos civilizados de convivência. Os jesuítas usaram as trilhas do Peabiru para chegarem até o território das Missões, onde estabeleceram, no século XVII, a "República dos guaranis". Eles aproveitaram os contornos do mito indígena para reforçar a crença na possibilidade de uma tentativa mágica de cristianização do continente pelo apóstolo Tomé. Isso explicaria, também, a existência do Caminho Peabiru bem antes da vinda dos conquistadores europeus, que também chegaram a apelidar essas trilhas como "caminhos do Sertão".

Na época quinhentista era difundida na América do Sul, especificamente no Brasil, a lenda da localização do paraíso terrestre bíblico, "uma terra ou ilha feliz, sem doenças, sem velhice, sem morte, sem temor" (Prada, 2011). O próprio Cristóvão Colombo teria acreditado nesse mito ao enfrentar a foz do rio Orinoco no Planalto das Guianas, atribuindo a tão poderosa massa de água doce a um dos quatro rios que, conforme o livro do Gênesis, regavam o Jardim do Éden. A migração em massa que ocorria esporadicamente entre os próprios indígenas, em busca da terra sem mal, do país da felicidade, seria, na opinião de alguns autores, a contraparte ameríndia dessa mesma visão edênica. Outros autores acreditam, entretanto, que tais movimentos de caráter messiânico, como o da procura da Terra sem Males, somente teriam ocorrido entre os indígenas a partir do choque cultural com os colonizadores europeus.

De qualquer forma, a construção do Caminho Peabiru, também chamado por alguns autores como "trilha dos tupiniquins", representa efetivamente a realização de uma obra verdadeiramente profissional. Muitos estudiosos indicam que essa obra exigiu um trabalho genial de engenharia, com profundo respeito ambiental. Independentemente de quem tenha sido o inspirador e construtor dessa estrada, precisou desenvolver um eficiente e eficaz projeto de educação profissional para todas as pessoas que trabalharam na construção dessa estrada, pavimentando com pedras os locais que assim o exigiam, bem como plantando a famigerada grama fina em outros trechos, para evitar a erosão do terreno, e assim por diante. Não poderíamos deixar de fazer esse registro de um efetivo esforço de educação profissional em uma obra dedicada à educação profissional no Brasil.

Após cinco séculos de convivência entre povos e culturas tão diferentes, em que a ênfase na relação com os povos indígenas remanescentes foi centrada na busca de uma "integração" que sempre desrespeitou as especificidades culturais das etnias originárias dessas terras, neste novo milênio existe algum esforço para que as diretrizes educacionais da nação brasileira passem a respeitá-los de alguma forma. No Conselho Nacional de Educação (CNE), participei[1] ativamente dos debates sobre educação indígena e procurei contribuir com reflexões de ordem filosófica que culminaram na definição das atuais diretrizes curriculares nacionais para a educação escolar indígena.

O Parecer CNE/CEB nº 14, de 14 de setembro de 1999, fundamentou a definição do primeiro conjunto de diretrizes curriculares nacionais para a educação escolar indígena pela Resolução CNE/CEB nº 3, de 10 de novembro de 1999. As atuais diretrizes curriculares nacionais para a educação escolar indígena no âmbito da educação básica foram definidas pela Resolução CNE/CEB nº 5, de 22 de junho de 2012, com fundamento no Parecer CNE/CEB nº 13, de 10 de maio de 2012. A Resolução CNE/CP nº 1, de 7 de janeiro de 2015, instituiu diretrizes curriculares nacionais para a formação de professores indígenas em cursos de educação superior e de ensino médio, com fundamento no Parecer CNE/CP nº 6, de 2 de abril de 2014. O Parecer CNE/CEB nº 9, de 7 de outubro de 2015, definiu orientações para a delicada promoção do acesso de povos indígenas de recente contato a processos educacionais, em escolas indígenas. O Parecer CNE/CEB nº 14, de 11 de novembro de 2015, tratou de uma questão delicada, definindo diretrizes operacionais para o ensino da história e da cultura dos povos indígenas na educação básica, em decorrência da Lei nº 11.645, de 10 de março de 2008. Essa lei alterou o art. 26-A da Lei de Diretrizes e Bases da Educação Nacional (LDB), para obrigar todos os "estabelecimentos de ensino fundamental e médio, públicos e privados" a incluir "o estudo da história e da cultura afro-brasileira e indígena", destacando suas contribuições para a "formação da sociedade nacional, resgatando as suas contribuições nas áreas social, econômica e política, pertinentes à história do Brasil". Esses conteúdos deverão ser "ministrados no âmbito de todo o currículo escolar, em especial nas áreas de educação artística e de literatura

---

1   Como já mencionado na apresentação, os trechos deste livro em primeira pessoa referem-se a adendos do professor Cordão, predominantemente sobre sua experiência profissional no Conselho Nacional de Educação. (N.E.)

e história brasileiras". Esses debates e os estudos relacionados nos alertaram para a complexidade do tema e para a riqueza de aspectos envolvidos na educação dos brasileiros nativos e seus descendentes. Como essa educação é reconhecidamente mais integral e integrada do que a educação multifragmentada das escolas tradicionais implementadas na colonização pelos portugueses, ela nos traz também algumas luzes para uma educação profissional mais integral e mais integrada com a educação geral para a cidadania ética e responsável.

O Decreto nº 6.861, de 27 de maio de 2009, regulamentou a educação escolar indígena no Brasil e indicou com destaque, já no art. 1º, que "a educação escolar indígena será organizada com a participação dos povos indígenas, observada a sua territorialidade e respeitando suas necessidades e especificidades".

No campo da educação profissional, o Parecer CNE/CEB nº 11, de 9 de maio de 2012, que fundamentou a Resolução CNE/CEB nº 6, de 20 de dezembro de 2012, na definição de novas diretrizes curriculares nacionais para a educação profissional técnica de nível médio, destacou alguns aspectos importantes em relação à educação escolar indígena:

- a educação profissional indígena deve contribuir para o gerenciamento autônomo dos territórios indígenas, para a sustentabilidade econômica, a segurança alimentar, a saúde e o atendimento às necessidades cotidianas das comunidades;
- é essencial que haja conhecimento dos docentes sobre as formas de organização dos grupos indígenas e sobre suas diferenças sociais, políticas, econômicas e culturais. A educação profissional ofertada deve estar "ligada aos projetos comunitários de vida, definidos a partir de demandas coletivas".

Os princípios, as conceituações e as normatizações das diretrizes curriculares nacionais para a educação escolar indígena, expressos no Parecer CNE/CEB nº 14/99 e na Resolução CNE/CEB nº 3/99, devem ser igualmente respeitados em sua integração com a educação profissional. Isso significa que devem ser tomados os seguintes cuidados adicionais:

- as comunidades indígenas devem participar da definição do modelo de organização e gestão da escola indígena;

- o respeito às características das comunidades indígenas deve se refletir nas edificações, nos processos de ensino-aprendizagem e nos materiais didáticos;
- os projetos político-pedagógicos devem se basear nas diretrizes nacionais de cada etapa e acrescentar aspectos específicos da comunidade indígena na qual se aplicam, como realidade linguística, sutilezas culturais, modos próprios de constituição do saber e de participação comunitária;
- formação dos professores indígenas em serviço ou em concomitância à sua escolarização;
- representação de lideranças e de professores indígenas na formulação de políticas de educação escolar indígena.

Em síntese, na educação escolar indígena, a educação profissional deve contemplar uma formação integral mais atenta às especificidades das comunidades indígenas, especialmente quanto a aspectos produtivos, culturais e socioambientais. Essa formação integral destina-se a articular os interesses coletivos dessas comunidades indígenas. Assim, atualmente, a educação escolar indígena deve orientar o seu esforço de promoção da educação profissional para a geração de reais oportunidades de desenvolvimento da autonomia dos indígenas, com vistas à sua subsistência e continuidade sociocultural. Nessa perspectiva, o projeto de educação básica e profissional dos indígenas precisa ser reinventado, com flexibilidade, "para rever os seus métodos e princípios, estando aberto à construção dialógica e interessada no outro" (Brasil, Parecer CNE/CEB nº 11, 2012).

História de dualismo ou fragmentação

> APÓS 1500 – MAIS DE MEIO MILÊNIO DE DUALIDADE E FRAGMENTAÇÃO: EDUCAÇÃO ACADÊMICA PARA AS "ELITES CONDUTORAS" E FORMAÇÃO PROFISSIONAL BÁSICA ACELERADA PARA OS POBRES QUE NECESSITAM INGRESSAR PRECOCEMENTE NA FORÇA DE TRABALHO.

Este tema ocupou grande parte de nossa atenção nas décadas de 1970 e 1980. Nesse período, o governo militar tentou implantar a profissionalização obrigatória no ensino secundário, como ainda trataremos com mais detalhes neste livro. Um conjunto de atos legislativos e normativos provocou grande movimentação no mundo da educação e no mundo do trabalho. Participamos ativamente desses movimentos desenvolvidos no âmbito da educação, seja em atividades realizadas pelo Ministério da Educação (MEC) e seu Conselho Federal, seja em atividades promovidas pela Secretaria e Conselho Estadual de Educação de São Paulo, bem como suas Universidades Estaduais, em especial a USP. Também participamos em atividades promovidas no âmbito do Ministério do Trabalho, especialmente por conta de nossa atuação no Senac de São Paulo e na Associação Brasileira de Treinamento e Desenvolvimento (ABTD). Essa movimentação toda exerceu enorme influência em definições relacionadas com a educação no âmbito da Constituição Federal de 1988 e da Constituição Estadual Paulista de 1989, bem como na atual Lei de Diretrizes e Bases da Educação Nacional (Lei nº 9.394, de 20 de dezembro de 1996), em especial na parte referente à educação profissional.

Esses debates e toda nossa experiência profissional desenvolvida tiveram grande ressonância na definição do texto final das diretrizes curriculares nacionais definidas para a educação profissional de nível técnico, pela Resolução CNE/CEB nº 4, de 8 de dezembro de 1999, com fundamento no Parecer CNE/CEB nº 16, de 5 de outubro de 1999, com aproveitamento de grande parte do material produzido nessa época.

O texto apresentado a seguir resume boa parte desse esforço coletivo, que contou com nossa participação, inclusive pela relatoria em pareceres e resoluções. Para evitar citação direta de leitura truncada e enfadonha do Parecer CNE/CEB nº 16/99, obra coletiva da qual fui relator, alteramos aqui alguns trechos do texto, com redação mais concisa e direta, e com indicação final da autoria oficial.

Desde suas origens pós-"descobrimento" português, a educação profissional sempre foi destinada aos mais pobres. Havia distinção clara entre os que detinham o poder e o saber (tratado no ensino secundário, normal e superior) e os que realizavam tarefas manuais (objeto do ensino profissional destinado principalmente para órfãos e filhos de pobres). Ao trabalho manual, com frequência associado ao esforço físico, ainda foi agregada a ideia de sofrimento. Essa ideia foi inspirada no mito do paraíso perdido, em decorrência do pecado original, que obrigou os humanos a comer o pão apenas com o fruto do esforço e do suor do rosto. No Brasil, essa concepção é apresentada de uma forma bem mais complexa. Aqui a escravidão perdurou, vergonhosamente, por mais de três séculos. Isso reforçou a distância entre a realização do trabalho manual e do trabalho intelectual. A escravidão deixou profundas marcas preconceituosas sobre quem executa trabalho manual pesado, associado ao *tripalium*, antigo instrumento utilizado para tortura. Esses trabalhadores sempre foram relegados a uma condição social inferior, mesmo quando seu trabalho era excelente e fundamental para a economia. Não eram cidadãos livres. Eram escravos, sem poder de decisão sobre a própria sorte. Essa herança colonial escravista e preconceituosa em relação ao trabalho ainda tem influenciado sensivelmente todas as relações sociais, com ênfase ainda maior na visão da sociedade sobre a educação e a formação profissional para o trabalho. O ideal de vida cultivado nesse ambiente preconceituoso e excludente quase sempre tem girado em torno da obtenção de renda, mesmo que essa riqueza seja obtida de maneira ilegal ou de origem patrimonialista, em detrimento da justa aspiração de ganhar a vida pelo trabalho (Brasil, Parecer CNE/CEB nº 16, 1999).

Esse é o contexto no qual o desenvolvimento intelectual proporcionado pela educação escolar acadêmica de melhor qualidade era destinado prioritariamente às elites que detinham o poder, vinculado a propriedades e rendas. Essa educação quase sempre era vista como desnecessária para a maior parcela da população, detentora apenas da oferta de sua "mão de obra". Não se reconhecia vínculo necessário entre educação escolar e preparação para o trabalho. Efetivamente, a educação formal não era considerada requisito para garantir uma boa atuação profissional nas principais atividades econômicas da época. Outra coisa era ser detentora do saber, transmitido de maneira sistemática em ambientes escolares e nos lares privilegiados. A bem da verdade, é preciso reconhecer que essa educação escolar sequer era universalmente requerida até mesmo pelas chamadas "elites condutoras", e muito menos pela própria sociedade brasileira (Brasil, Parecer CNE/CEB nº 16, 1999).

Passamos do século XIX ao XX ainda praticando uma política assistencialista de educação profissional, muito mais voltada para tirar o menor da rua do que para prepará-lo efetivamente para o mundo do trabalho. Até mesmo o grande esforço republicano do presidente Nilo Peçanha, apesar de louvável, ainda pecava por conta desse viés.

Assim, somente ao final da primeira metade do século passado passamos a desenvolver uma educação profissional que, mesmo conservando cunho assistencialista, também era voltada para o mundo do trabalho, muito embora ainda fosse uma formação profissional mais centrada no treinamento operacional para a produção em série e padronizada, devido à incorporação maciça de operários semiqualificados, que desempenhavam tarefas simples e rotineiras, previamente especificadas e delimitadas. Nessa época, poucos trabalhadores precisavam desenvolver atividades profissionais mais complexas. Ainda era bastante rígida a separação entre a execução do trabalho e o planejamento, a supervisão e o controle de qualidade do produto ou serviço. Havia pouca autonomia para o trabalhador realizar seu trabalho. O monopólio do conhecimento técnico, científico e organizacional cabia, quase sempre, exclusivamente aos níveis gerenciais das organizações empresariais, privadas ou públicas, caracterizadas como "as cabeças pensantes", que eram consideradas estratégicas e indispensáveis para a boa ação de "mão de obra" dos trabalhadores. Nesse contexto histórico, a baixa escolaridade dos trabalhadores não era sequer considerada determinante para atrasar a expansão econômica do Brasil. Assim, os esforços nacionais realizados para melhor qualificação dos trabalhadores até a década de 1970 foram mais focados em ações instrumentais de políticas assistencialistas ou de ajustamento linear para demandas pontuais do mercado de trabalho. Para a classe trabalhadora não havia demandas de trabalho educacional mais sólido, como estratégia importante para que os cidadãos, democraticamente, tivessem acesso efetivo às conquistas científicas e tecnológicas da sociedade. Nem a sociedade brasileira nem os próprios trabalhadores sentiam a falta dessas conquistas (Cordão, 2015).

Essa falta começou a ser sentida, ainda embrionariamente, em meados do século passado. Entretanto, a partir das últimas décadas do século XX e início do XXI, passou-se a requerer uma sólida base de educação geral para os trabalhadores, em condições de sustentar uma sólida qualificação profissional para o trabalho. O mundo do trabalho passou a requerer profissionais cada vez mais qualificados, em condições de interagir em ambientes profissionais complexos, em situações inusitadas ou inéditas, e em constante mutação. À formação desses novos trabalhadores passou-se a exigir que fossem agregadas novas competências profissionais, que envolvem inovação, criatividade, trabalho em equipe e autonomia para tomar decisões. A própria estrutura ocupacional e organizacional altera-se profundamente, exigindo que as instituições dedicadas à educação profissional adotem a pesquisa como base pedagógica importante e o trabalho como um dos seus mais relevantes princípios educativos. Para responder a esses novos desafios, é fundamental superar a forma tradicional de educação profissional, baseada na execução operacional de tarefas, sendo, portanto, requerida uma compreensão mais ampla do processo produtivo, além do domínio operacional de suas habilidades técnicas. Isso demanda apreensão dos fundamentos científicos e tecnológicos, "valorização da cultura do trabalho e mobilização dos valores necessários à tomada de decisões" (Brasil, Parecer CNE/CEB nº 16, 1999).

Neste século, houve alteração significativa nas relações de trabalho. Quem executa um trabalho deve também planejar e avaliar o seu próprio desempenho profissional. Todos são convidados a buscar o aperfeiçoamento do seu fazer, a partir da contínua mobilização e articulação de seus saberes para responder criativamente aos novos desafios profissionais. Com muita frequência, os desafios profissionais planejados são substituídos por outros inéditos, para que se tenha um exercício profissional competente.

As tecnologias de comunicação e da informação diminuíram a solidez do trabalho moderno. O sociólogo polonês Sygmund Bauman (2001) referia-se à "modernidade líquida" como uma metáfora para ilustrar esse estado de mudanças que está sendo vivenciado em um mundo do trabalho cada vez mais vulnerável e fluido, quase que incapaz de manter a mesma identidade por muito tempo. Tudo é transitório e temporário. Já se fala, inclusive, em modernidade gasosa, como já expressou o filósofo americano Marshall Berman (1986) em seu livro *Tudo que é sólido se desmancha no ar.*

Hoje é possível realizar trabalhos em rede ou em casa, e há muito mais trabalho informal, além de existirem cada vez mais oportunidades no mundo virtual. Convivemos, também, com o fenômeno da terceirização e da chamada "uberização" da economia e do mundo do trabalho. Cada vez mais o modo "uber" de organizar e de remunerar a força de trabalho está se distanciando da regularidade do emprego assalariado, com carteira profissional assinada e garantia de direitos sociais e trabalhistas. Está se tornando cada vez mais difícil vislumbrar se isso tudo é um sonho de vida melhor em sociedade ou mais um pesadelo no mundo do trabalho dominado pelo capitalismo selvagem.

Para sair desse pesadelo e começar a viver efetivamente a era do sonho e da utopia, cada vez mais, o trabalhador precisará dominar aspectos essenciais da tecnologia, das ciências e dos processos necessários na produção e na prestação de serviços profissionais. O entrave aqui, no caso brasileiro, está relacionado ao baixo índice da instrução pública do povo trabalhador. A escola especializada em educação profissional para esse novo mundo do trabalho deve se atentar necessariamente para tal realidade. O pior é que a educação para o trabalho não esteve nem está ainda efetivamente pautada como um direito universal para os brasileiros. Esse entendimento, ainda vigente para muitos, reproduz o dualismo presente em nossa tradição nacional entre a educação para as "elites condutoras" e a "formação de mão de obra", sendo um forte empecilho para a concretização do mandamento constitucional, que entende claramente a abrangência da educação profissional sob a óptica dos direitos universais à educação e ao trabalho.

O art. 205 da Constituição Federal não deixa margem para dúvidas quando define que a finalidade da educação brasileira é o "pleno desenvolvimento da pessoa, seu preparo para o exercício da cidadania e sua qualificação para o trabalho". Nesse novo contexto ditado pela Constituição Federal e, consequentemente, pela legislação e normatização educacional brasileira, associado às vertiginosas alterações que estão ocorrendo no mundo do trabalho, a educação profissional não pode mais ser meramente assistencialista ou resposta a demandas pontuais, como algo mecânico ou burocrático.

A nova educação profissional requer compreensão mais global do processo produtivo no atual mundo do trabalho marcado pela renovação contínua e pela complexidade crescente. Por isso mesmo é que as diretrizes curriculares nacionais para a educação profissional estão centradas exatamente no compromisso ético das instituições educacionais para com o desenvolvimento permanente de **competências profissionais** que conduzam os trabalhadores ao efetivo preparo para continuamente articular, mobilizar e colocar em prática seus saberes e conhecimentos, suas habilidades e atitudes, seus valores e emoções, para atender aos requerimentos da sociedade e do mundo do trabalho com eficiência (nos processos), eficácia e efetividade (nos resultados), dando respostas novas e criativas aos inusitados, originais e exigentes desafios profissionais, pessoais e sociais.

Linha do tempo

ALGUMAS DATAS QUE MARCARAM A HISTÓRIA DA EDUCAÇÃO PROFISSIONAL NO BRASIL. ANOS OU PERÍODOS EM DESTAQUE: 1500; 1549-1554; 1580; 1749-1751; 1759; 1808-1821; 1824; 1827; 1830; 1837; 1890; 1891; 1906-1909; 1927; 1930-1932; 1934; 1937; 1942-1946; 1950-1954; 1961; 1967-1982; 1975-1976; 1988; 1991; 1996; 1998-2002; 2004-2008; 2009; 2012; 2014; 2016-2017.

A conquista social da educação para todos chegou com muito atraso ao Brasil, a partir dos países europeus que nos influenciaram, principalmente em relação aos nossos vizinhos latino-americanos e da América do Norte. Daí resulta uma realidade vergonhosa, representada pelos altos índices de analfabetismo que ainda marcam nossa história, entre outros atrasos referentes à democratização do acesso ao ensino. Destacamos a seguir algumas datas que são marcos significativos nessa trajetória, em especial no que se refere à educação profissional e ao direito implícito à educação e ao trabalho.

1500. Em abril de 1500, na semana após a Páscoa cristã, Pedro Álvares Cabral e sua esquadra pisaram em terra firme na suposta ilha de Vera Cruz, hoje região de Porto Seguro, na Bahia. Foi quando se deu o primeiro choque de culturas. Os povos que aqui viviam tinham suas divindades e crenças. Enxergavam o mundo por outro ângulo, desenvolvendo outra cultura e tendo outra concepção quanto à educação de seus descendentes. Os portugueses, no entanto, não estavam nem preparados nem preocupados em preservar "verdades" diferentes das suas, cultivadas na Europa cristã. Eles estavam dispostos a fazer prevalecer seu conhecimento e seu modo de ver o mundo e nele atuar, bem como, a qualquer custo, fazer prevalecer a sua fé cristã.

1549-1554. Os primeiros jesuítas vieram ao Brasil com Tomé de Sousa, em 1549. Foram eles que criaram as primeiras "escolas de ler e escrever", ainda que de fundo catequético. O primeiro grupo de seis jesuítas que veio ao Brasil na comitiva de seu primeiro governador--geral era chefiado pelo padre Manoel da Nóbrega. A primeira escola foi criada em Salvador, já em 29 de março de 1549. Em 1550, o grupo inicial foi reforçado com a chegada de mais quatro missionários. O maior reforço de missionários jesuítas chegou em 1553, com o segundo governador-geral, Duarte da Costa. Sua equipe contava com o então clérigo José de Anchieta, que fundou a mais importante das escolas aqui implantadas, nos Campos de Piratininga, dando origem à cidade de São Paulo, em 25 de janeiro de 1554. Dentre os primeiros jesuítas que atuaram como missionários no Brasil, o seu mais ilustre representante foi o padre Anchieta, que acabou sendo considerado como o "pai da educação no Brasil" e, em 3 de abril de 2014, foi canonizado pelo papa Francisco como santo padre José de Anchieta.

1580. Portugal e Espanha se unem sob um mesmo reinado, com a dinastia Filipina, quando d. Felipe II da Espanha se torna também d. Felipe I de Portugal e Algarves. Com isso, foram suspensos provisoriamente os limites dos domínios ultramarinos portugueses e espanhóis, fixados pelo Tratado de Tordesilhas, assinado em 7 de junho de 1494. Assim, os colonos luso-brasileiros tiveram maior liberdade de ação em terras antes proibidas. Eles tinham muito interesse no tráfico e na escravidão dos índios, que eram intransigentemente defendidos pelos jesuítas.

1749-1751. Em 1749 foi fundado em Mariana o primeiro seminário diocesano do Brasil. Em 1751 foi autorizada a criação de um novo seminário episcopal em Belém do Pará, utilizando o modelo jesuítico humanista. Esse modelo era criticado pelas dificuldades de convivência com o mundo do desenvolvimento científico/tecnológico, embora também cuidasse do desenvolvimento dos chamados "trabalhos manuais".

1759. Os jesuítas foram expulsos de todos os territórios portugueses pelo rei d. José I, por indicação do secretário de Estado dos Negócios Estrangeiros, Sebastião José de Carvalho e Melo, mais conhecido como Marquês de Pombal. Os jesuítas foram sumariamente banidos, sendo proibida qualquer comunicação com eles. Essa expulsão teve como consequência imediata a desintegração da instrução pública no Brasil, o que impactou diretamente o esforço incipiente de educação profissional, representado pelo ensino de trabalhos manuais. O vazio demorou para ser preenchido, uma vez que poucas aulas régias foram autorizadas durante todo o período pós-jesuítico. Assim, as aulas das primeiras letras ficaram a cargo de abnegados professores improvisados. Nesse mesmo período, a fiscalização dos resultados de aprendizagem e o aproveitamento de estudos eram quase inexistentes.

1808-1821. A vinda da Corte portuguesa e da família real acarretou muitos benefícios ao Brasil. Ainda na Bahia, em 28 de janeiro de 1808, d. João assinou a Carta de Lei que abria os portos do Brasil a todas as nações amigas, obviamente, a partir da Inglaterra. Em 18 de fevereiro de 1808, o príncipe regente criou o Colégio Médico-Cirúrgico da Bahia, instalando-o no Real Hospital Militar. Já no Rio de Janeiro, no dia 7 de março de 1808, foi instalada toda a complicada aparelhagem burocrática, administrativa e jurídica da Corte portuguesa, restabelecendo provisoriamente a comunicação com o Reino Unido Brasil, Portugal e Algarves. Ainda em 1808, foram criadas a Escola Superior de Matemática, Ciências, Física e Engenharia; outro Colégio Médico-Cirúrgico no Rio de Janeiro, também no Real Hospital Militar; a Imprensa Régia; o Jardim Botânico; a Real Biblioteca da Ajuda; a Escola Real de Ciências, Artes e Ofícios; a Real Academia de Desenho, Pintura, Escultura e Arquitetura Civil. Estas últimas, já implantadas entre 1816 e 1820, transformaram-se na Escola Nacional de Belas Artes. A tentativa do príncipe regente foi de implementar algumas dessas escolas no Rio de Janeiro e na Bahia como escolas técnicas de nível superior, equivalentes aos atuais cursos superiores de tecnologia. Entretanto, a pressão das elites brasileiras era pela implementação dos cursos de bacharelado, o que foi efetivado. A primeira escola técnica em território brasileiro foi o Colégio das Fábricas, criado em 1809. Pena que os Colégios Médico--Cirúrgico e de Engenharia e Arquitetura Civil não conseguiram nascer como cursos técnicos de nível superior. Circunstancialmente, nasceram como cursos de bacharelado, para que seus concluintes pudessem concorrer a eventuais vagas para o funcionalismo público na Corte portuguesa, bem como ostentar o ilustre título de doutor. Por outro lado, uma das melhores decisões adotadas pelo príncipe regente, do nosso ponto de vista, foi a de incentivar a criação das chamadas "escolas de primeiras letras", não apenas na Corte, mas em qualquer localidade onde houvesse demanda. Essa decisão tomada em 1808 foi flexibilizada ao máximo pelo seu filho d. Pedro, ainda em 1821, possibilitando que qualquer pessoa pudesse manter aulas do ensino primário, independentemente de autorização especial. Esses conhecimentos contavam com fácil validação para fins de continuidade de estudos nas escolas oficiais.

1824. Em 25 de março de 1824, a Constituição Política do Império do Brasil foi outorgada pelo imperador d. Pedro I, que havia dissolvido a Assembleia Constituinte e encarregado uma comissão de dez notáveis para a elaboração do seu projeto. Nessa Constituição, a educação está presente no art. 179, que trata das garantias dadas pela Constituição do Império: "A instrução primária é gratuita a todos os cidadãos" (inciso XXXII). Na prática, isso iniciou um longo processo de debate nacional sobre a gratuidade do ensino e manteve o sistema vigente, sem qualquer plano de expansão da educação nacional.

1827. Em 15 de outubro de 1827, o imperador d. Pedro I aprovou uma ambiciosa lei que estabelecia "a criação de escolas de primeiras letras em todas as cidades, vilas e lugares populosos do Império". Essa decisão motivou que até hoje a data 15 de outubro seja comemorada como o "dia do professor". Essas "escolas de primeiras letras" deveriam necessariamente adotar o "método lancasteriano de ensino" ou "ensino mútuo", segundo o qual uma pessoa pode ensinar tudo quanto sabe. Todas as classes dessas escolas eram compostas por tutores e discípulos, acompanhados por monitores, cuja principal função era ensinar os tutores a aprender as lições e dizer-lhes sobre as melhores formas para ensinar aos seus discípulos. Tudo isso tinha por objetivo facilitar a tarefa dos professores ou mestres-escola e aumentar sua produtividade, podendo atender a muito mais alunos, com melhores resultados. Esse método do ensino mútuo foi muito popular no Brasil durante todo o período imperial e até mesmo no período republicano, na instrução pública e na educação profissional.

1830. Em 10 de abril de 1830, o imperador d. Pedro I aprovou a instalação de escolas normais a cargo da Sociedade Auxiliadora da Indústria Nacional. Nessas escolas eram ministrados cursos especiais para os trabalhadores da indústria, da lavoura e do comércio. Essas escolas serviram de inspiração para a criação dos futuros liceus de artes e ofícios.

1837. Em 2 de dezembro de 1837 foi criado o Imperial Colégio Pedro II, instalado em 1938. Essa foi uma das iniciativas mais importantes do Império no campo da instrução pública do Brasil. Na qualidade de colégio-padrão do período imperial, posteriormente o Colégio Pedro II também se dedicou à educação profissional.

1890. Após a Proclamação da República, em 15 de novembro de 1989, o Governo Provisório assumiu a árdua tarefa de organizar a reestruturação de toda a burocracia administrativa do Brasil. Com a extinção do Ministério do Império, que cuidava de todos os assuntos relativos ao ensino e à cultura, essas atribuições passaram provisoriamente ao Ministério do Interior. Em 19 de abril de 1890, pelo Decreto nº 346, o Governo Provisório decidiu criar a Secretaria de Estado dos Negócios da Instrução Pública, Correios e Telégrafos, de vida efêmera. O decreto foi revogado pelo próprio presidente Deodoro da Fonseca, pela Lei nº 23, de 30 de outubro de 1891. Essa lei reorganizou os serviços da Administração Federal e passou para o Ministério da Justiça e dos Negócios Interiores a competência relativa à instrução e à educação. Vale registrar que a chamada Reforma Benjamin Constant foi aprovada pelo Decreto nº 981, de 8 de novembro de 1890. Essa reforma instituiu o regulamento da instrução primária e secundária no período republicano e exerceu enorme influência na educação nacional na passagem para o século XX, nela incluída a educação profissional.

1891. A Constituição Republicana de 1891 foi mais uma constituição outorgada pelo Poder Central, sem ser apreciada pelo Congresso Constituinte eleito. Essa Constituição adotou o modelo federal e preocupou-se em discriminar as competências legislativas da União e dos Estados em matéria educacional. Coube à União legislar sobre o ensino superior, enquanto aos Estados competia legislar sobre ensino secundário e primário, embora tanto a União quanto os Estados pudessem criar e manter instituições de ensino superior e secundário. Nas Constituições Estaduais de 1892, poucos estados articularam entre si a obrigatoriedade e a gratuidade.

1906-1909. É oportuno ressaltar a importância da dupla presidencial Afonso Pena e Nilo Peçanha para o desenvolvimento da educação profissional no Brasil. No governo do presidente Afonso Pena, a educação profissional passou a ser atribuição do Ministério da Agricultura, Indústria e Comércio. Isso consolidou uma política nacional de incentivo ao desenvolvimento do ensino profissional agrícola, industrial e comercial. Ainda em 1906 foi apresentado ao Congresso Nacional um projeto de promoção do ensino prático industrial, agrícola e comercial, a ser mantido em regime de colaboração entre os governos da União e dos Estados. Esse projeto previa a criação de campos e oficinas escolares em que os alunos dos ginásios poderiam ser habilitados, como aprendizes, no manuseio de instrumentos de trabalho. Nessa época também foi criada a Escola Prática de Aprendizes das Oficinas do Engenho de Dentro, no Rio de Janeiro. Essa escola desempenhou papel importante na expansão do ensino profissional ferroviário. Nilo Peçanha assumiu a presidência do Brasil em julho de 1909, após o falecimento de Afonso Pena. Logo depois, promulgou o Decreto nº 7.566, de 23 de setembro de 1909, para criar dezenove escolas de aprendizes artífices, destinadas ao ensino profissional, primário e gratuito. Essas escolas, similares aos liceus de artes e ofícios, foram instaladas no ano de 1910 em diferentes unidades federativas e estavam voltadas basicamente para o ensino industrial. Esse período ainda assistiu a um grande incremento do ensino agrícola, inicialmente voltado para a formação de chefes de cultura, administradores e capatazes. Entretanto, ainda em 1908 foram criadas três escolas médias ou teórico-práticas em agricultura e oito escolas de aprendizado agrícola.

1927. O Decreto nº 5.241, de 22 de agosto de 1927, definiu a obrigatoriedade do ensino profissional nas escolas primárias subvencionadas ou mantidas pela União, como no Colégio Pedro II e em estabelecimentos similares. Essa decisão ocorreu no bojo de uma série de debates sobre a expansão do ensino profissional no Brasil, voltado para o atendimento dos requerimentos do mundo do trabalho e não apenas para tirar menor da rua, diminuir a vadiagem ou atender aos desafortunados da sorte, que necessitavam ingressar precocemente no mercado de trabalho. A perspectiva já estava se alterando de uma visão assistencialista para uma visão desenvolvimentista. Em 1927, o Serviço Nacional de Inspeção do Ensino Profissional Técnico, criado no ano anterior pelo Ministério da Agricultura, Indústria e Comércio, passou a exercer suas funções junto a todas as instituições de educação profissional em relação a todos os setores da economia. Em 2 de julho de 1927, a Associação Brasileira de Educação (ABE) realizou a primeira Conferência Nacional de Educação, em clima de grande otimismo pedagógico, com a sistematização dos debates sobre os ideais da Escola Nova, já aplicados nas escolas primárias e nas escolas normais de muitos estados. Nessa ocasião surge e se aprofunda o debate entre os modelos da "escola tradicional" e da "escola nova", cujos valores encantavam muitos educadores.

1930-1932. O Decreto nº 19.402, de 14 de novembro de 1930, criou o Ministério dos Negócios da Educação e da Saúde Pública. O primeiro ministro dessa pasta foi o mineiro Francisco Luís da Silva Campos. O Decreto nº 19.850, de 11 de abril de 1931, criou o Conselho Nacional de Educação, como órgão consultivo do Ministério da Educação e da Saúde Pública para assuntos relativos ao ensino. Ainda em 1931, o Decreto nº 20.158, de 30 de junho, reestruturou o ensino comercial e, no mesmo ato, regulamentou a profissão de contador. A importância desse decreto reside no fato de ser o primeiro instrumento normativo brasileiro a prever a estruturação de educação profissional, já incluindo a ideia dos itinerários formativos facilitadores da construção de itinerários de profissionalização dos trabalhadores. Alguns meses antes da eclosão da Revolução Constitucionalista, o Decreto nº 21.303, de 18 de abril de 1932, criou uma universidade técnica em São Paulo. Essa universidade incorporaria a Escola Politécnica de São Paulo e seria a primeira do gênero no Brasil a ofertar cursos técnicos de nível superior, equivalentes aos atuais cursos de graduação em tecnologia. Essa universidade não chegou a ser implantada, mas teria como finalidade "promover o ensino prático e as investigações de caráter científico ou utilitário indispensáveis à formação de técnicos destinados às funções dos grandes empreendimentos" (art. 2º). Posteriormente, com a criação da Universidade de São Paulo (USP), os cursos planejados para essa escola foram a ela incorporados. O grande acontecimento educacional de 1932, entretanto, foi o lançamento do Manifesto dos Pioneiros da Educação Nova ao Povo e ao Governo Brasileiro. Esse manifesto propôs que a reconstrução educacional no Brasil assumisse o papel da grande prioridade nacional, uma vez que, "na hierarquia dos problemas nacionais, nenhum sobreleva em importância e gravidade ao da educação" (Azevedo, 2006, p. 1).

1934. Na Constituição de 1934, quando já estava constatado o atraso brasileiro em relação aos seus vizinhos, principalmente a partir dos debates em torno do conhecido Manifesto dos Pioneiros da Educação Nova, a educação pública é proclamada como direito de todos os cidadãos e dever do Estado.

1937. Na Constituição outorgada pelo Estado Novo, de tendência privatista, a normatização sobre a instrução pública afrouxa novamente. A educação primária é declarada obrigatória e gratuita, mas as obrigações do governo ficam diluídas. O art. 129 dessa Constituição dos Estados Unidos do Brasil assume posicionamento muito claro em relação à educação profissional nos seguintes termos:

> O ensino pré-vocacional profissional destinado às classes menos favorecidas é, em matéria de educação, o primeiro dever de Estado. Cumpre-lhe dar execução a esse dever, fundando institutos de ensino profissional e subsidiando os de iniciativa dos Estados, dos Municípios e dos indivíduos ou associações particulares e profissionais. É dever das indústrias e dos sindicatos econômicos criar, na esfera da sua especialidade, escolas de aprendizes, destinadas aos filhos de seus operários ou de seus associados. A lei regulará o cumprimento desse dever e os poderes que caberão ao Estado, sobre

> essas escolas, bem como os auxílios, facilidades e subsídios a lhes
> serem concedidos pelo Poder Público. (Constituição dos Estados
> Unidos do Brasil, 1937, art. 129)

No final da ditadura Vargas, o ministro Gustavo Capanema, à frente do então Ministério da Educação e Saúde, propõe um conjunto de decretos-lei, que ficaram mais conhecidos como Leis Orgânicas do Ensino Brasileiro.

1942-1946. O conjunto das Leis Orgânicas do Ensino Brasileiro começou a ser publicado em 1942 e foi concluído apenas em 1946. O Serviço Nacional de Aprendizagem Industrial (Senai) foi criado pelo Decreto-Lei nº 4.048, de 22 de janeiro de 1942. O Decreto-Lei nº 4.073, de 30 de janeiro de 1942, definiu a Lei Orgânica do Ensino Industrial. Um mês mais tarde, o Decreto-Lei nº 4.119, de 21 de fevereiro de 1942, determinou que os ensinos de ofícios existentes no Brasil passariam a ser ministrados por instituições federais, municipais ou particulares, e que deveriam se adaptar às determinações do conjunto de Leis Orgânicas do Ensino Brasileiro. O Decreto-Lei nº 4.244, de 9 de abril de 1942, definiu a Lei Orgânica do Ensino Secundário. Em 1943, foi definida a Lei Orgânica do Ensino Comercial, pelo Decreto-Lei nº 6.141, de 28 de dezembro de 1943. Finalmente, em 1946 foram definidas as Leis Orgânicas do Ensino Primário, pelo Decreto-Lei nº 8.529, de 2 de janeiro de 1946; do Ensino Normal, pelo Decreto-Lei nº 8.530, também de 2 janeiro de 1946, e do Ensino Agrícola, pelo Decreto-Lei nº 9.613, de 20 de agosto de 1946. No início desse mesmo ano, foi criado o Serviço Nacional de Aprendizagem Comercial (Senac), pelo Decreto-Lei nº 8.621, de 10 de janeiro de 1946. A aprendizagem dos comerciários foi regulamentada pelo Decreto-Lei nº 8.622, do mesmo dia.

1946. A Constituição dos Estados Unidos do Brasil, promulgada em 1946, praticamente retoma grande parte do texto original sobre educação pública da Constituição Democrática de 1934, garantindo recursos vinculados do orçamento da União para cumprir a obrigatoriedade e a gratuidade da educação primária e sua continuidade nos níveis posteriores de ensino. O art. 166 definiu que "a educação é direito de todos e será dada no lar e na escola. Deve inspirar-se nos princípios de liberdade e nos ideais de solidariedade humana". O art. 167 instituiu que "o ensino dos diferentes ramos será ministrado pelos Poderes Públicos e é livre à iniciativa particular, respeitadas as leis que o regulem". Especificamente em relação à educação profissional, a Constituição de 1946 estabeleceu, no inciso IV do art. 168, que "as empresas industriais e comerciais são obrigadas a ministrar, em cooperação, aprendizagem aos seus trabalhadores menores, pela forma que a lei estabelecer, respeitados os direitos dos professores".

1950-1954. Nesse período, durante acalorados debates sobre a nossa primeira Lei de Diretrizes e Bases da Educação Nacional (LDB), com fundamento na Constituição Democrática de 1946, a Lei nº 1.076, de 31 de março de 1950, passou a permitir que concluintes de cursos de educação profissional, organizados nos termos das Leis Orgânicas do Ensino Profissional, pudessem continuar os estudos no ensino superior. Para tanto, deveriam realizar exames nas disciplinas não estudadas e demonstrar o nível de conhecimento exigido para o curso pretendido. A Lei nº 1.821, de 12 de março de 1953, definiu as regras para aplicar o regime de equivalência entre os diversos cursos secundários e profissionalizantes no nível médio. Essa lei foi regulamentada pelo Decreto nº 34.330, de 21 de outubro de 1953. A aplicação das novas regras ocorreu no ano letivo seguinte. Por esse motivo, o ano de 1954 passou a ser considerado como o ano símbolo do início da equivalência de estudos desenvolvidos com valor formativo similar, da mesma natureza.

1961. Finalmente, foi aprovada a primeira Lei de Diretrizes e Bases da Educação Nacional, a Lei nº 4.024, de 20 de dezembro de 1961. O projeto original foi apresentado pelo ministro Clemente Mariani ao presidente da República e encaminhado ao Congresso Nacional em 28 de outubro de 1948. Sua aprovação após treze anos foi saudada pelo educador baiano Anísio Teixeira como "meia vitória, mas vitória". Essa primeira LDB equiparou o ensino profissional técnico ao ensino acadêmico, quanto à equivalência e às possibilidades de continuidade de estudos, desde que seus componentes curriculares contassem com valor formativo similar. Essa orientação sepultou de vez, ao menos do ponto de vista formal, a histórica dualidade entre o ensino destinado às elites e o ensino destinado aos pobres.

Estimulados pelo art. 100 da primeira LDB, diversos experimentos educacionais orientados diretamente para a profissionalização dos jovens foram implantados por esse Brasil afora. Alguns exemplos: o Ginásio Orientado pelo Trabalho (GOT) e o conhecido Programa de Expansão e Melhoria do Ensino (Premen). Sobre a matéria, como registra muito bem o saudoso conselheiro José Mario Pires Azanha, em seu livro póstumo *A formação do professor e outros escritos*, publicado pela Editora Senac São Paulo, reformas educacionais não se fazem apenas com a definição de bons preceitos legais, mas sim com a ação comprometida dos seus educadores (Azanha, 2008). A possibilidade dos sistemas e estabelecimentos de ensino realizarem projetos pedagógicos experimentais, independentemente das amarras da lei, foi posta com toda a clareza desde a nossa primeira LDB. Entretanto, embora a lei permitisse, "os educadores não foram tão ousados quanto poderiam, ou melhor, curvaram-se ao peso da tradição burocrática que ainda nos escraviza até hoje, impedindo-nos de que nossos Projetos Pedagógicos sejam efetivamente instrumentos de trabalho de toda a comunidade escolar" (Cordão, 2012, p. 76).

1967-1982. A Constituição Democrática de 1946, de orientação descentralizadora, foi substituída por uma Constituição promulgada em 24 de janeiro de 1967 pelo governo militar. Essa primeira versão da Constituição de 1967, de orientação centralizadora, foi substituída e agravada por uma nova redação ditada pela Emenda Constitucional nº 1, de 17 de outubro de 1969. Ao retirar a vinculação de recursos, começa um processo de pauperização do ensino, com baixos salários e pouca infraestrutura escolar. De acordo com o inciso II do § 3º do art. 176 dessa Constituição, o ensino passa a ser obrigatório dos 7 aos 14 anos e gratuito nos estabelecimentos públicos de ensino. Fundamentadas nessa Constituição outorgada em 1967 e profundamente alterada em 1969, duas grandes reformas foram levadas a efeito em nossa primeira LDB de 1961. A primeira delas ocorreu em 1968. A Lei nº 5.540, de 28 de novembro de 1968, fixou normas sobre o ensino superior. A novidade que merece destaque nessa lei é a possibilidade da oferta de cursos superiores destinados à formação de tecnólogos. A segunda delas ocorreu em 1971. A Lei nº 5.692, de 11 de agosto de 1971, regulamentou o então ensino de primeiro e segundo graus. Essa lei tornou obrigatório o ensino profissional integrado ao ensino secundário, num dos mais retumbantes equívocos dos governos militares no campo educacional. Todo o ensino de segundo grau, hoje ensino médio, passou a ser orientado para alguma habilitação profissional técnica de nível médio. Com essa medida de ordem burocrática, a educação profissional deixou de ser oferecida unicamente por instituições especializadas em educação profissional e passou a ser oferecida também pelas instituições de ensino públicas e privadas já envolvidas em um clima de acelerada deterioração do então ensino de segundo grau. Essa deterioração decorria do crescimento quantitativo do ensino de primeiro grau, fruto do benéfico esforço de democratização da instrução pública, para a qual o Brasil não se preparou adequadamente. Essa decisão influenciou diretamente na qualidade da oferta da educação profissional das próprias instituições especializadas. Entretanto, o maior impacto negativo recaiu sobre as redes de escolas públicas, sem suporte financeiro e técnico adequado para a oferta de boa educação profissional integrada à educação. Finalmente, a Lei nº 7.044, de 18 de outubro de 1982, voltou atrás na obrigatoriedade de oferta de educação profissional técnica no então segundo grau e conseguiu piorar ainda mais o que já estava ruim, pelo incentivo à implementação burocrática do texto legal confuso e mal definido.

1975/1976. A Lei nº 6.297, de 15 de dezembro de 1975, definiu incentivos fiscais no imposto de renda de pessoas jurídicas (IRPJ) para treinamento profissional pelas empresas. Com isso, ampliou significativamente o investimento das empresas no desenvolvimento dos seus trabalhadores empregados. Essa lei previa a possibilidade de as pessoas jurídicas poderem deduzir, anualmente, até 10% do lucro tributável, para fins de imposto sobre a renda. Era permitido "deduzir o dobro das despesas comprovadamente realizadas, no período-base, em projetos destinados à formação profissional, previamente aprovados pelo Ministério do Trabalho". Como essa dedução não deveria exceder, em cada exercício financeiro, a 10% do lucro tributável, as despesas que ultrapassavam esse limite no exercício financeiro correspondente poderiam ser transferidas para dedução nos três exercícios financeiros subsequentes. Em 31 de março de 1976, o Decreto nº 77.354 dispõe sobre a criação do Serviço Nacional de Formação Profissional Rural (Senar), no âmbito do Ministério do Trabalho, assegurando-lhe autonomia técnica, administrativa e financeira. Essa versão preliminar do Senar foi extinta pelo art. 62 do Ato das Disposições Constitucionais Transitórias (ADCT) da Constituição Federal de 1988. No dia 1º de abril do mesmo ano, o Decreto nº 77.362 instituiu e organizou o Sistema Nacional de Formação de Mão de Obra (SNFMO), vinculado ao Ministério do Trabalho como organismo coordenador e supervisor das atividades destinadas à formação profissional no país, respondendo pela formação inicial e continuada de trabalhadores.

1988. A Constituição Federal de 1988, denominada "Constituição cidadã", tem como principal característica sua orientação democrática e descentralizadora. Em sua versão original, estabelece a gratuidade e a obrigatoriedade do ensino fundamental como dever do Estado e direito público subjetivo do cidadão. Na versão atual do inciso I do art. 208, ditada pela Emenda Constitucional nº 59, de 11 de novembro de 2009, essa gratuidade e obrigatoriedade é ampliada para toda a educação básica, a qual deve ser "obrigatória e gratuita dos 4 aos 17 anos de idade, assegurada inclusive sua oferta gratuita para todos os que a ela não tiveram acesso na idade própria". Mais ainda: de acordo com o § 2º do mesmo art. 208, "o não oferecimento do ensino obrigatório pelo poder público, ou sua oferta irregular, importa responsabilidade da autoridade competente". Portanto, a partir desse momento, o cidadão tem mecanismos jurídicos para exigir o seu direito à educação. No art. 205, a Constituição Federal situa a educação profissional na confluência de dois dos direitos fundamentais da pessoa, o direito à educação e o direito ao trabalho. Sua redação não deixa dúvidas:

> A educação, direito de todos e dever do Estado e da família, será promovida e incentivada com a colaboração da sociedade, visando ao pleno desenvolvimento da pessoa, seu preparo para o exercício da cidadania e sua qualificação para o trabalho. (Constituição Federal, 1988, art. 205)

Essa "qualificação para o trabalho" está referenciada no inciso IV de seu art. 114 da mesma Constituição Federal como "formação para o trabalho", e no art. 227 como "direito à profissionalização", que deverá ser garantido com "absoluta prioridade".

1991. O Serviço Nacional de Aprendizagem Rural (Senar) foi criado pela Lei nº 8.315, de 23 de dezembro de 1991, nos termos do art. 62 do Ato das Disposições Constitucionais Transitórias, em formato institucional similar ao do Senai e do Senac.

1996. Com fundamento na Constituição Federal de 1988, foi sancionada a atual Lei de Diretrizes e Bases da Educação Nacional, a Lei nº 9.394/96. Essa segunda e atual LDB define apenas dois níveis para a educação escolar: a educação básica e a educação superior. A educação básica, formada pela educação infantil, pelo ensino fundamental e pelo ensino médio, deve ser garantida a todo cidadão, inclusive para os que a ela não tiveram acesso na idade própria. Na véspera do Natal, foi sancionada a Lei nº 9.424, de 24 de dezembro de 1996, que dispõe sobre a instituição do Fundo de Manutenção e Desenvolvimento do Ensino Fundamental e de Valorização do Magistério (Fundef), inspirada no art. 211 da Constituição Federal e no art. 60 do Ato das Disposições Constitucionais Transitórias. A aprovação dessa lei, de natureza fiscal e redistributiva, foi um dos passos mais significativos para garantir a efetiva expansão da oferta do ensino fundamental obrigatório e gratuito no Brasil, objetivando cumprir o preceito constitucional de "garantir a equalização de oportunidades educacionais e padrão mínimo de qualidade do ensino", valorizando os profissionais do magistério. A Lei nº 9.424/96 foi substituída e teve seu alcance ampliado pela Lei nº 11.494, de 20 de junho de 2007, que regulamentou o Fundo de Manutenção e Desenvolvimento da Educação Básica e Valorização do Magistério – Fundeb. A implementação da Lei nº 9.424/96, em relação ao Fundef, e a ampliação de seus objetivos pela Lei nº 11.494/07, em relação ao Fundeb, representam importantes mecanismos de redistribuição de recursos vinculados à educação e a principal medida adotada em termos de regime de colaboração entre a União, os estados, o Distrito Federal e os municípios. A versão original da LDB provocou impacto similar ao dedicar o Capítulo III do Título V especificamente para "a educação profissional, integrada às diferentes formas de educação, ao trabalho, à ciência e à tecnologia", com o objetivo de conduzir "ao permanente desenvolvimento de aptidões para a vida produtiva". Esse capítulo da LDB foi regulamentado pelo polêmico Decreto nº 2.208, de 17 de abril de 1997, posteriormente revogado pelo Decreto nº 5.154, de 23 de julho de 2004. Esse último decreto influenciou decisivamente a redação da Lei nº 11.741, de 16 de julho de 2008, alterando a redação original da LDB em relação à Educação Profissional e Tecnológica (EPT).

1998-2002. O ano de 1988, quando ingressei no CNE, foi um ano particularmente produtivo, no âmbito da Câmara de Educação Básica do Conselho Nacional de Educação (CNE/CEB). Nesse ano foram definidas as diretrizes curriculares nacionais para o ensino fundamental pela Resolução CNE/CEB nº 2, de 7 de abril de 1998, com fundamento no Parecer CNE/CEB nº 4, de 29 de janeiro de 1998. As diretrizes curriculares nacionais para o ensino médio foram definidas pela Resolução CNE/CEB nº 3, de 26 de junho de 1998, com base no Parecer CNE/CEB nº 15, de 1º de junho de 1998. Em 17 de dezembro de 1998, foi aprovado o Parecer CNE/CEB nº 22, que fundamentou a definição das diretrizes curriculares nacionais para a educação infantil, aprovadas pela Resolução CNE/CEB nº 1, de 13 de abril de 1999, que foram complementadas com diretrizes operacionais pelo Parecer CNE/CEB nº 4, de 16 de fevereiro de 2000. As diretrizes curriculares nacionais para a educação profissional técnica de nível médio foram inicialmente definidas pela Resolução CNE/CEB nº 4/99, com fundamento no Parecer CNE/CEB nº 16/99, do qual fui o relator. Paralelamente aos debates sobre essas diretrizes, a Câmara de Educação Básica do CNE se desdobrou em árduo trabalho para aprovar as primeiras diretrizes curriculares nacionais para todas as etapas e modalidades de educação básica, e uma Comissão Bicameral começou a estudar profundamente a definição de diretrizes curriculares nacionais gerais para a educação superior de graduação em tecnologia. Esse foi um assunto bastante polêmico, porque grande parte da academia e dos conselhos nacionais de fiscalização do exercício profissional legalmente regulamentado julgava que os cursos de tecnologia eram pós-secundários, mas não de educação superior. Quando muito, admitiam que fossem considerados como "cursos sequenciais por campos do saber, de diferentes níveis e abrangências", nos termos do inciso I do art. 44 da LDB. Entretanto, o Conselho Nacional de Educação estava convencido de que os cursos superiores de tecnologia eram cursos de graduação. Os tecnólogos, radicalizando do outro lado, defendiam sua transformação em cursos de bacharelado, levando o debate para a duração total dos cursos, mediante alteração dos respectivos perfis profissionais de conclusão. Esse debate foi longo e exigiu a realização de inúmeras e acaloradas audiências públicas nacionais. Enquanto isso, o conselheiro Carlos Roberto Jamil Cury conduziu os debates em torno da importante questão da educação de jovens e adultos (EJA), que representa uma das grandes dívidas sociais da nação brasileira para com seu povo. A EJA teve suas diretrizes curriculares nacionais definidas pela Resolução CNE/CEB nº 1, de 5 de julho de 2000, com base no Parecer CNE/CEB nº 11, de 10 de maio de 2000. Finalmente, a organização curricular específica dos cursos superiores de educação profissional tecnológica foi aprovada na Câmara de Educação Superior, pelo Parecer CNE/CES nº 436, de 2 de abril de 2001, definindo mínimos de cargas horárias por área profissional. Essa aprovação abriu caminho para a conclusão dos trabalhos da Comissão Bicameral que, em 3 de dezembro de 2002, aprovou o Parecer CNE/CP nº 29, por mim relatado, o qual fundamentou a definição da Resolução CNE/CP nº 3, de 18 de dezembro de 2002, estabelecendo as diretrizes curriculares nacionais gerais para a oferta da educação superior em tecnologia, na qualidade de cursos superiores de graduação.

2004-2008. A Resolução CNE/CEB nº 1, de 21 de janeiro de 2004, instituiu diretrizes nacionais para os estágios supervisionados dos estudantes de educação profissional e de ensino médio. Esses documentos normativos regulamentaram o art. 82 da atual LDB e definiram com clareza que "toda e qualquer atividade de estágio será sempre curricular e supervisionada, assumida intencionalmente pela Instituição de Ensino, configurando-se como um Ato Educativo". Essa definição e seus desdobramentos foram de capital importância para a aprovação da Lei nº 11.788, de 25 de setembro de 2008, mais conhecida como a "nova Lei do Estágio". Essa lei reforçou e incorporou praticamente todas as condições estipuladas pelo CNE para os estágios de estudantes de todos os níveis e modalidades de ensino e educação, a qual está demandando novo e urgente posicionamento por parte do CNE.

O Decreto nº 5.154/04 revogou o Decreto nº 2.208/97 e deu nova regulamentação para a articulação entre a educação profissional técnica de nível médio e o ensino médio. Em síntese, o novo decreto acrescentou e estimulou a oferta da habilitação profissional técnica integrada com o ensino médio em matrícula única, como primeiro item das possibilidades listadas. Foram mantidas as opções de oferta concomitante e de oferta subsequente, nesse caso para quem já concluiu o ensino médio.

A Resolução CNE/CEB nº 1, de 3 de fevereiro de 2005, com fundamento no Parecer CNE/CEB nº 39, de 8 de dezembro de 2004, atualizou as diretrizes curriculares nacionais definidas para o ensino médio e para a educação profissional técnica de nível médio, ajustando-as às disposições do Decreto nº 5.154/04. Essa Resolução CNE/CEB nº 1/05 foi complementada pela Resolução CNE/CEB nº 4, de 27 de outubro de 2005, fundamentada no Parecer CNE/CEB nº 20, de 15 de setembro de 2005, para definir que os cursos de educação de jovens e adultos na modalidade integrada ao ensino médio devem ter pelo menos 1.200 horas destinadas à educação geral, além da carga horária da educação profissional técnica de nível médio.

No ano seguinte, a Resolução CNE/CEB nº 3, de 15 de agosto de 2006, aprovou as diretrizes e os procedimentos técnico-pedagógicos para a implementação do Programa Nacional de Inclusão de Jovens (ProJovem), criado pela Lei nº 11.129, de 30 de junho de 2005, e aprovado pelo CNE como "projeto experimental", nos termos do art. 81 da LDB.

Finalmente, a Resolução CNE/CEB nº 3, de 9 de julho de 2008, com fundamento no Parecer CNE/CEB nº 11, de 12 de junho de 2008, disciplinou a instituição e a implantação do Catálogo Nacional de Cursos Técnicos de Nível Médio (CNCT) nas redes públicas e privadas de Educação Profissional. O CNCT é instituído anualmente por Portaria Ministerial e organizado por eixos tecnológicos.

Apresenta cada curso com sua carga horária mínima, um breve descritor, possibilidades de temas a abordar, possibilidades de atuação dos profissionais e infraestrutura recomendada para a implantação.

2009. A Emenda Constitucional nº 59, de 11 de novembro de 2009, promoveu alterações importantes no texto da Constituição Federal de 1988, com destaque para o inciso I do art. 208, definindo que o dever do Estado para com a educação será efetivado mediante a garantia da "educação básica, obrigatória e gratuita dos 4 (quatro) aos 17 (dezessete) anos de idade, assegurada inclusive a sua oferta gratuita para todos os que a ela não tiveram acesso na idade própria". O inciso VII do mesmo artigo define que o "atendimento ao educando, em todas as etapas da educação básica", deve ser assistido "por meio de programas suplementares de material didático escolar, transporte, alimentação e assistência à saúde". O § 4º do art. 211 define que, "na organização dos seus sistemas de ensino, a União, os estados, o Distrito Federal e os municípios definirão formas de colaboração, de modo a assegurar a universalização do ensino obrigatório". O § 3º do art. 212 estipula que "a distribuição dos recursos públicos assegurará prioridade ao atendimento das necessidades do ensino obrigatório, no que se refere à universalização, garantia de padrão de qualidade e equidade". Para a educação profissional, as alterações inseridas na Constituição Federal são de fundamental importância para criar condições de efetivação do que está definido no seu art. 227, em termos de garantia, "com absoluta prioridade", do direito à profissionalização das pessoas.

2012. Depois de um longo e exaustivo debate, foram aprovadas novas diretrizes curriculares nacionais para a educação profissional técnica de nível médio, pela Resolução CNE/CEB nº 6/12, com fundamento no Parecer CNE/CEB nº 11/12. Essa atualização foi aprovada especialmente em decorrência de ajustes feitos na LDB pela Lei nº 11.741/08, em relação à educação profissional e tecnológica, principalmente quanto à educação profissional técnica de nível médio. É pena que, até 2016, ano no qual concluí meu quarto mandato na Câmara de Educação Básica do Conselho Nacional de Educação, não tenha sido possível finalizar e aprovar duas resoluções normativas da maior importância, as quais deverão ser concluídas pelos novos integrantes do Conselho Nacional de Educação. A mais urgente delas refere-se à formação inicial e continuada de professores para a educação profissional e tecnológica, ofertada segundo diferentes itinerários formativos integrados "aos diferentes níveis e modalidades de educação e às dimensões do trabalho, da ciência e da tecnologia". No art. 40 da Resolução CNE/CEB nº 6/12 havia sido estipulado um prazo até o ano de 2020 para essa definição. Entretanto, eu havia estabelecido o ano de 2016 como prazo pessoal para o cumprimento dessa meta, especialmente para dar conta das exigências da Lei nº 12.513, de 26 de outubro de 2011, complementada pela Lei nº 12.816, de 5 de junho de 2013, mais conhecida como Lei do Pronatec. Essa foi uma de minhas frustrações de final de mandato. Uma outra se refere às novas diretrizes operacionais para a organização, execução e avaliação das atividades curriculares de estágio supervisionado, assumido como ato educativo das instituições de ensino, em regime de colaboração com as organizações do mundo do trabalho, nos termos da Lei nº 11.788/08.

2014. Em 25 de junho de 2014 foi sancionada a Lei nº 13.005, que aprovou o novo Plano Nacional de Educação, com vinte metas e respectivas estratégias de implementação, a serem cumpridas em dez anos, isto é, até o dia dos festejos nacionais de São João em 2024. O novo Plano Nacional de Educação estabelece como diretrizes, entre outras, a erradicação do analfabetismo brasileiro nos próximos dez anos, a universalização do atendimento escolar – definindo metas específicas em relação ao ensino obrigatório, objetivando a "superação das desigualdades educacionais, com ênfase nos valores morais e éticos em que se fundamenta a sociedade" –, a melhoria da qualidade da educação e a valorização dos profissionais da educação. Em relação à educação profissional, merecem destaques tanto a meta 10, que prevê "oferecer, no mínimo, 25% (vinte e cinco por cento) das matrículas de educação de jovens e adultos, nos ensinos fundamental e médio, na forma integrada à educação profissional"; quanto a meta 11, que prevê "triplicar as matrículas da educação profissional técnica de nível médio, assegurando a qualidade da oferta e pelo menos 50% (cinquenta por cento) da expansão no segmento público".

2016-2017. A regulamentação da modalidade educação a distância (EAD) pelo CNE começou a ser debatida em 2002. Um dos destaques para a educação profissional em 2016 certamente foi a aprovação da Resolução CNE/CEB nº 1, de 2 de fevereiro de 2016, após longo trajeto de mais de uma década de atenta negociação da Câmara de Educação Básica do Conselho Nacional de Educação com o Fórum Nacional de Conselhos Estaduais de Educação (FNCE) e diferentes órgãos do Ministério da Educação. Por essa norma, a educação a distância no âmbito da educação básica deve ocorrer em regime de colaboração entre os sistemas de ensino da União, dos estados, do Distrito Federal e dos municípios, conforme determinam a Constituição Federal e a LDB, devidamente regulamentadas pelos sistemas de ensino, à luz das diretrizes nacionais. As diretrizes para a EAD referentes ao ensino superior foram aprovadas logo depois pela Resolução CNE/CES nº 1, de 11 de março de 2016, com fundamento no Parecer CNE/CES nº 564, de 10 de dezembro de 2015. Na mesma perspectiva dessas normatizações do CNE, o Decreto nº 9.057, de 25 de maio de 2017, retificado no dia 30 de maio de 2017, regulamentou o art. 80 da LDB, revogando o Decreto nº 5.622, de 19 de dezembro de 2005, e o art. 1º do Decreto nº 6.303, de 12 de dezembro de 2007.

O percurso para a aprovação das diretrizes e normas de EAD para a educação básica foi mais demorado e tortuoso, em decorrência das negociações necessárias para viabilizar o caminho do regime de colaboração entre os entes federativos (União, estados, Distrito Federal e municípios). Assim, em 19 de julho de 2002, o FNCE, reunido na XVIII Reunião Plenária, em São Luís, no estado do Maranhão, tratou da necessidade da elaboração urgente de uma agenda conjunta de discussão entre os sistemas de ensino, o Ministério da Educação e o Conselho Nacional de Educação, em especial quanto ao acolhimento da legitimidade da EAD, prevista no art. 80 da LDB, com suas características de extraterritorialidade, como uma modalidade de ensino necessária para a superação dos desafios frente à democratização de acesso e permanência no sistema escolar, com adequada aprendizagem, desenvolvendo ações educativas em regime de colaboração e reciprocidade. Desde então, o assunto foi intensamente debatido, no âmbito do Conselho Nacional de Educação e do Fórum

Nacional de Conselhos Estaduais de Educação. O referido art. 80 da LDB, recentemente regulamentado pelo Decreto nº 9.057/17, também já havia sido devidamente regulamentado pelos Decretos nº 5.622/05 e nº 6.303/07. Entretanto, ainda havia a necessidade do estabelecimento de regras e normas que orientassem claramente a implementação do regime de colaboração entre os órgãos normativos e de supervisão, para possibilitar a efetiva integração dos diferentes sistemas de ensino. Assim, em meados de 2010, retomando debate anterior registrado na Carta do Maranhão, a Câmara de Educação Básica do Conselho Nacional de Educação iniciou estudos de uma proposta de colaboração entre os sistemas de ensino para a oferta de cursos e programas na modalidade de EAD no âmbito da educação básica. Os estudos envolveram especialmente a então Secretaria de Educação a Distância do MEC (SEED/MEC) e o Fórum Nacional de Conselhos Estaduais de Educação, com participação da União Nacional dos Conselhos Municipais de Educação (UNCME). A ênfase da EAD na educação básica foi, de modo especial, na educação de jovens e adultos e na educação profissional técnica de nível médio. Como conclusão desses estudos e após numerosas reuniões conjuntas e audiências públicas nacionais, finalmente, em 10 de maio de 2012, foi aprovado o Parecer CNE/CEB nº 12, de 10 de maio de 2012. Após longa e tortuosa tramitação no âmbito dos órgãos técnicos do MEC, esse Parecer foi devolvido ao Conselho Nacional de Educação para reexame. Posteriormente, em 11 de março de 2015, foi aprovado o Parecer CNE/CEB nº 2, seguindo a mesma sistemática anteriormente adotada. Esse Parecer tampouco foi devidamente homologado pelo senhor ministro da Educação, e novamente foi devolvido ao CNE. Desse novo reexame resultou o Parecer CNE/CEB nº 13, aprovado em 11 de novembro de 2015, o qual foi finalmente homologado pelo senhor ministro da Educação em 28 de janeiro de 2016. Este último Parecer fundamentou a Resolução CNE/CEB nº 1/2016, que definiu as diretrizes operacionais nacionais vigentes para a EAD, em regime de colaboração entre os sistemas de ensino, no âmbito da educação básica. Essa Resolução inclui a educação profissional técnica de nível médio, um dos focos centrais deste livro.

Em 22 de setembro de 2016, o Poder Executivo aprovou e encaminhou à apreciação do Congresso Nacional a Medida Provisória nº 746, instituindo a Política de Fomento à Implementação de Escolas de Ensino Médio em Tempo Integral. Essa Medida Provisória levantou polêmicas pela forma considerada autoritária para um assunto que demanda muitas articulações e negociações, e também por seu conteúdo, que promove reformulações significativas no ensino médio, flexibilizando-o, aumentando a carga horária anual e incluindo uma opção profissionalizante, entre outras opções de itinerários formativos. Após ser analisada e aprovada pelo Congresso Nacional, com votação em separado pela Câmara dos Deputados e pelo Senado Federal, a MP nº 746/16 foi convertida na Lei nº 13.415, de 16 de fevereiro de 2017. O Ministério da Educação, por meio da Portaria MEC nº 727, de 13 de junho de 2017, estabelece novas diretrizes, novos parâmetros e critérios para a implementação do Programa de Fomento às Escolas de Ensino Médio em Tempo Integral (EMTI), em conformidade com a Lei nº 13.415/17.

Uma das alterações mais significativas promovidas pela Lei nº 13.415/17, do ponto de vista da educação profissional, refere-se à nova redação dada ao *caput* do art. 36 da LDB. Nessa nova redação, a LDB passa a exigir que o currículo do ensino médio seja composto pela Base Nacional Comum Curricular (BNCC) e por arranjos curriculares variados e congruentes com os contextos locais. As áreas curriculares para esses arranjos incluem: linguagens e suas tecnologias; matemática e suas tecnologias; ciências da natureza e suas tecnologias; ciências humanas e sociais aplicadas; e formação técnica e profissional.

Outra alteração significativa que merece destaque no âmbito da educação profissional refere-se aos critérios a serem adotados pelos sistemas de ensino em relação à oferta da ênfase técnica e profissional, a qual deverá considerar "a inclusão de vivências práticas de trabalho no setor produtivo ou em ambientes de simulação, estabelecendo parcerias e fazendo uso, quando aplicável, de instrumentos estabelecidos pela legislação sobre aprendizagem profissional", bem como "a possibilidade de concessão de certificados intermediários de qualificação para o trabalho, quando a formação for estruturada e organizada em etapas com terminalidade". Ainda em relação à educação profissional, merecem destaques os dois novos incisos que foram incluídos no art. 61 da LDB, que trata dos "profissionais da educação escolar básica". Esses incisos admitem, para a docência na educação profissional, o reconhecimento de notório saber em áreas afins à formação e à complementação pedagógica, conforme disposto pelo CNE. Esse dispositivo exigirá que o Conselho Nacional de Educação labore rapidamente sobre esse assunto, de preferência, em regime de colaboração com os Conselhos e as Secretarias de Educação. O mesmo empenho deve ocorrer no que diz respeito à definição de orientações normativas e operacionais envolvendo o relacionamento entre a Base Nacional Comum Curricular e os itinerários formativos específicos, os quais devem ser definidos pelos sistemas de ensino, em regime de colaboração, nos termos do art. 8º da LDB e do art. 211 da Constituição Federal.

Heranças malditas e benditas

ESCRAVISMO, CARTORIALISMO E PATRIMONIALISMO: A TRISTE HERANÇA COLONIAL ESCRAVOCRATA E O REFORÇO DOS PRECONCEITOS E EQUÍVOCOS EDUCACIONAIS EM RELAÇÃO À QUALIFICAÇÃO PARA O TRABALHO.

De acordo com o relato de Pero Vaz de Caminha a d. Manuel I, El-Rei de Portugal, os primeiros portugueses que aqui estiveram, nos idos de 1500, sob o comando de Pedro Álvares Cabral, ao retornarem a Portugal, aqui deixaram dois degredados, um deles identificado como Afonso Ribeiro, para conhecerem melhor as novas terras e colherem mais informações sobre os novos povos. Aqui ficaram, também, dois grumetes, marinheiros de menor graduação, encarregados das tarefas mais pesadas nas embarcações. Na noite anterior à partida, esses grumetes fugiram mata adentro e não foram encontrados. Na sequência, aventureiros portugueses e outros navegadores europeus continuaram chegando ao território brasileiro após 1500 e aqui se instalaram.

A primeira tentativa do governo português para a colonização portuguesa foi a de repetir a mesma estratégia já utilizada com sucesso nas ilhas da Madeira e de Cabo Verde: a implantação de capitanias hereditárias, doadas a pessoas de confiança da Monarquia. Assim, já em 1504, d. Manuel I efetuou a primeira doação da ilha de

São João, entregue a Fernando de Noronha. Em 1534, o rei d. João III dividiu as terras portuguesas na América, nos termos consagrados pelo Tratado de Tordesilhas, em quinze capitanias hereditárias. As terras foram divididas em grandes lotes, em linhas paralelas ao Equador, e foram entregues a nobres que mantinham boas relações com a Coroa portuguesa. Esses privilegiados recebiam os títulos de donatários de extensos territórios, com plenos direitos para explorar os seus recursos naturais, desde madeiras e animais até minérios e tudo o mais. Essa estratégia dos colonizadores foi um grande fracasso. De uma maneira ou de outra, todos exploraram suas capitanias, mas poucos realmente as desenvolveram. As duas honrosas exceções foram as capitanias de Pernambuco, de Duarte Coelho Pereira, e de São Vicente, de Martim Afonso de Sousa. Quem saiu perdendo de verdade foram os nativos daqui que, paulatinamente, foram sendo dizimados ou escravizados, mas não sem resistência, como é o caso dos tupinambás que arrasaram a Vila do Pereira em 1545. E tomem degredados para ajudar os áulicos da Coroa portuguesa, a quem foram dados benefícios hereditários!!!

Como os portugueses corriam o risco de perder tudo para outros europeus mais ávidos, tais como espanhóis, franceses, holandeses e ingleses, pois os "áulicos amigos do rei", apesar de todos os bens recebidos, eram providos, em sua grande maioria, muito mais da preguiça e da vontade do enriquecimento rápido, lícito ou ilícito, do que daquela requerida vontade de trabalhar para criar uma nova pátria nas novas terras, esse sistema teve de ser corrigido. Assim, em 1548 a Coroa portuguesa comprou a "propriedade" onde foi instalada a Capitania Real da Bahia, dos herdeiros do donatário Francisco Pereira Coutinho. Assim, a cidade de São Salvador, fundada pelo primeiro governador-geral Tomé de Sousa, tornou-se a sede oficial da Colônia portuguesa na América.

Todo esse período inicial do Brasil Colônia ficou muito marcado no imaginário cultural do povo brasileiro, explorado por essa praga do **patrimonialismo**. Capitanias hereditárias para os áulicos do poder imperial, que não podiam ser vendidas, mas eram vendidas até mesmo para a própria Coroa portuguesa. As sesmarias configuraram outro artifício dos portugueses para a exploração das terras na América. Nesse sistema, glebas de terras eram doadas a sesmeiros, com o intuito de tornar as terras produtivas, mesmo utilizando a mão de obra escrava, pagando impostos à Coroa. Esse sistema tampouco funcionou adequadamente e não satisfez às expectativas iniciais de produção, especialmente por conta do compadrio da má administração e da pouca fiscalização. Esse artifício da apropriação sesmarial, de certa forma, reflete até hoje nos latifúndios brasileiros, impedindo a realização de uma verdadeira reforma agrária, desde a chamada "libertação dos escravos", pela festejada Lei Áurea, até os dias atuais, ainda envolvendo significativos conflitos de terra.

Uma das revoltas mais sérias contra esse sistema colonial injusto foi a Inconfidência Mineira, que acabou não passando de uma tentativa de revolta, abortada em 1789, graças à "delação premiada" de Joaquim Silvério dos Reis ao governador da província, em troca do perdão de suas próprias dívidas. Essa Conjuração Mineira pregava a "liberdade, ainda que tardia" da exploração política e econômica de Portugal. Pretendia instituir uma República brasileira, a qual propiciaria, entre outras vantagens, a instalação de manufaturas no Brasil e a criação de uma Universidade Pública em Vila Rica. Os inconfidentes utilizaram a execução da derrama como estopim para a revolta. A Inconfidência Mineira foi exemplarmente sufocada, como sabemos desde nossos primeiros anos escolares.

O colonialismo português, além de aclimatar com muita tranquilidade em terras brasileiras essa praga do patrimonialismo, ainda acrescentou a indecorosa e desumana praga do **escravismo**. Vergonhosamente, para nós, o período de vigência da escravidão no Brasil foi o maior das Américas. Essa é uma questão da maior relevância para entender a essência da herança maldita que nos atormenta até os dias de hoje, qual assombração, exercendo forte influência cultural no dia a dia do mundo do trabalho. Essa praga vicejou no Brasil com muita força e persistência durante o período colonial e monárquico português e brasileiro, especialmente, porque sua erradicação ameaçava fortemente os lucros da Coroa e de seus áulicos apadrinhados, incluindo boa parte de nossa egoísta elite nacional.

Historicamente, como não estava sendo fácil escravizar índios, os quais preferiam morrer a serem escravizados e ainda eram "protegidos" pelos jesuítas ("*pero no mucho*", segundo seus detratores), a saída foi importar escravos da África, onde as brigas tribais facilitaram essa prática ignominiosa e vergonhosa para nossa história nacional. Para executar os trabalhos mais pesados, quem podia tinha os seus escravos. Assim o fator trabalho foi sendo cada vez mais sacrificado. Com isso, o trabalho virou algo a ser evitado e passado, sempre que possível, a escravos, considerados seres inferiores. Assim, assimilou-se a ideia de que o trabalho não enobrece, pois ele é o fruto do pecado original e, até certo ponto, é degradante trabalhar. O trabalho deve ser executado pelos outros e deve ser ensinado aos filhos dos outros. O ideal de vida da elite brasileira e de quem se julgava como tal passou a ser "viver de renda", à custa do trabalho escravo ou do trabalho negociado no mercado, ao menor custo possível. A conjugação dessas duas heranças malditas conduziu o imaginário popular à consideração de que o ideal da vida não está em viver de seu trabalho, mas viver de renda, mesmo que explorando o trabalho de outras pessoas, pois a honra não decorre do "ser" (produtivo), e sim do "ter" (consumista). Assim, quando a chamada "libertação dos escravos" finalmente aconteceu, não veio acompanhada da necessária reforma agrária, nem mesmo das chamadas "terras devolutas", destinadas "às elites condutoras do país", e não ao povo trabalhador. Essa foi a desgraça maior deixada pelo nosso passado colonialista à posteridade.

Mas a história continua. Graças à ambição e ao poderio de Napoleão, o Brasil virou **Reino Unido a Portugal e Algarves**. Nesse período, as novas terras receberam grandes benefícios, como abertura de portos aos países amigos, escolas, fábricas, estradas. Nesse contexto, para cá vieram outros portugueses, para se juntarem aos donatários, aos degredados, aos aventureiros e às prostitutas enviados pela Coroa portuguesa para colonizar as novas terras, com o menor custo e o maior lucro. Foram recebidos, festivamente, os nobres portugueses e comerciantes que decidiram "investir no Brasil", mas sem trabalhar muito, pois "trabalho é coisa de escravo", e grande parte desse pessoal, com honrosas e benfazejas exceções, não veio ao Brasil para trabalhar, mas para enriquecer.

Junto à Coroa portuguesa, que aqui aportou trazendo algumas grandes vantagens, veio também uma terceira praga: o **cartorialismo**. O que vale não é o que é, mas é o que parece ser. Tudo tem de ser registrado em cartório (claro, esse foi mais um "benefício hereditário", praticado até muito recentemente), com firma reconhecida e tudo. A "firma reconhecida" pode ser tomada como um dos paradigmas do cartorialismo, exigida por quase todos, sempre que se faça necessário se precaver, do ponto de vista pessoal e social, especialmente de ordem patrimonial. Alguns exemplos: o certificado ou diploma vale mais do que o conhecimento que deveria representar; a ata registrada é muito mais importante do que o resultado real da reunião; o discurso vale muito mais do que a ação, e assim por diante. Essa é realmente uma grande praga, que chegou ao Brasil com a realeza e que, em companhia das outras duas (patrimonialismo e escravismo), só podia mesmo dar no que deu: um Brasil extremamente desigual e injusto. Fernando de Azevedo (1944), em uma de suas obras-primas, descreve magistralmente os efeitos dessas três pragas colonialistas, que contaminaram tanto o velho Império brasileiro como a nascente República Velha. Pior ainda: essas três pragas ou heranças malditas continuam infernizando a vida dos brasileiros em pleno século XXI. São três pragas altamente contagiantes e tão perniciosas quanto as famosas "dez pragas" do Egito Antigo, da época dos faraós e da libertação dos hebreus, registrada no Êxodo, o segundo livro da Bíblia.

> SINCRETISMO, CRIATIVIDADE ("JEITINHO BRASILEIRO?"), ALEGRIA DE VIVER: HERANÇAS BENDITAS COMO CONTRAPONTO POTENCIAL ÀS HERANÇAS MALDITAS DO COLONIALISMO.

Obviamente, não fomos contaminados apenas por pragas, essas três selecionadas como malditas e outras menos votadas. Fomos também beneficiados por outras tantas **heranças benditas**. Podemos destacar três, para fazer um contraponto e um certo paralelismo com as três **heranças malditas**.

A primeira herança bendita a ser destacada é a do **sincretismo**, que se tornou uma das marcas do Brasil: sincretismo religioso, étnico-racial, cultural, filosófico, artístico, literário, etc., presente em todos os momentos de nosso dia a dia. Essa combinação de diferentes culturas em novo amálgama torna o Brasil um dos raros países em que quase todos os demais têm alguma representação. O multiculturalismo é um potencial que pode ser muito mais valorizado em nossos processos educacionais, a partir da congruência decorrente do sincretismo de nossas múltiplas origens.

Outra herança bendita a ser destacada é a **criatividade**, por vezes expressa no famoso "jeitinho brasileiro". Qualquer problema, de qualquer ordem, pode ser resolvido com algum garbo e, por vezes, com alguma malandragem. Existe até um ditado popular explicitando que "existe um jeito para resolver tudo, só não existe jeito para a morte". Obviamente, esse "jeitinho brasileiro" é utilizado para o bem e para o mal. Para o mal, especialmente quando o jeitinho está contaminado pelas três pragas ou heranças malditas já referenciadas. Entretanto, o jeitinho como herança bendita é muito utilizado em nosso dia a dia, na vida pessoal e social, inclusive no mundo do trabalho. O brasileiro é especialista em "gambiarra", que é uma forma genial e criativa de resolver problemas ou satisfazer necessidades. Todos nós conhecemos uma pessoa que resolve tudo apenas com os recursos que tem à mão. Essa capacidade é muito apreciada como competência profissional dos cidadãos trabalhadores brasileiros.

Outra herança bendita é a **alegria de viver** do povo brasileiro, essa arte meio malandra de driblar as dificuldades à moda de Pedro Malasartes. É contagiante essa alegria e bom humor que faz com que o brasileiro possa enfrentar todos os problemas sem perder a linha da "boa educação", até mesmo com uma boa piada. São bem-vistas aquelas pessoas que "perdem o amigo, mas não perdem a piada". Nada melhor do que ter uma piada pronta diante de quaisquer situações, por mais difíceis e constrangedoras que sejam. Poderíamos ainda acrescentar outras heranças benditas, como a capacidade de organização e de trabalho quando se está verdadeiramente motivado para a ação. Por exemplo, existe alguma empresa mais motivadora para o trabalho conjunto bem-feito e organizado, em termos de cultura do belo, do que um desfile de escola de samba no Carnaval? O Carnaval é um dos nossos símbolos do trabalho bem-feito, criativo, produtivo e assumido com gosto. Atualmente, no mundo todo, essa competência está sendo estudada em termos de desenvolvimento de competências socioemocionais. Não basta aprender a conhecer, a fazer, a conviver e a ser, como muito bem pontuam os relatórios da Unesco. É preciso querer conhecer, fazer, conviver e ser melhor. Este é um traço de desenvolvimento de caráter que está sendo muito estudado por educadores de todos os cantos deste planeta azul redondo. Acreditamos que, se explorarmos melhor as nossas heranças benditas, podemos superar com galhardia as nossas heranças malditas e dar uma grande contribuição à humanidade para cultivar os valores do desenvolvimento sustentável solidário. Essa ação poderá não apenas "salvar a lavoura", mas salvar o "planeta Terra", onde vivemos e atuamos pessoal e socialmente.

Pobres e nobres

A EDUCAÇÃO PROFISSIONAL DOS
ARTESÃOS E DA "MÃO DE OBRA"
VERSUS A EDUCAÇÃO PROFISSIONAL
DAS "CHEFIAS" E DAS PROFISSÕES
MANUAIS ELITIZADAS, TAIS COMO
AS DA ÁREA DE SAÚDE E DO EIXO
TECNOLÓGICO DAS ENGENHARIAS.

Apenas no final do século XX a educação passou a ser considerada como um direito social de todos os cidadãos brasileiros. Educação, saúde e profissionalização passaram a integrar a lista de condições fundamentais para a cidadania. Até meados dos anos 1970, a maior parte dos trabalhadores recebia prioritariamente apenas treinamento operacional para atividades padronizadas. Milhares de operários semiqualificados eram adaptados aos postos de trabalho e desempenhavam tarefas simples, rotineiras e previamente especificadas e delimitadas. Apenas uma minoria de trabalhadores precisava contar com competências em níveis mais complexos, em virtude da rígida separação entre o planejamento e a execução. Havia pouca margem de autonomia para o trabalhador. O conhecimento técnico e organizacional era exigido apenas das elites trabalhadoras. Somente a essas elites cabia a condução da inteligência do trabalho, como se o trabalhador manual fosse desprovido de sabedoria, mera "mão de obra", e como se o trabalho não fosse fator educativo importante e fundamental. Assim, a baixa escolaridade da massa trabalhadora não era considerada entrave significativo para o crescimento econômico ou para o aumento da produtividade.

Um caráter assistencialista marcou fortemente o começo da educação profissional no Brasil. Isso piorou quando a educação profissional foi associada à necessidade de ajustamento direto às demandas dos postos de trabalho, como se houvesse congruência automática entre estudos realizados e oportunidades reais de emprego. Como essa congruência é rara, o assistencialismo perdeu parte de sua já baixa eficácia para resolver os problemas dos mais necessitados de oportunidades de trabalho e renda (Brasil, Parecer CNE/CEB nº 16, 1999).

Na história da educação brasileira, foi muito comum considerar escolas profissionalizantes principalmente como espaços de assistência social. A filantropia patrocinada pelas igrejas ou por representantes das elites quase sempre representou tentativas bem-sucedidas ou malsucedidas de disfarçar a exclusão social estrutural da massa trabalhadora. Essas tentativas ocuparam espaços que caberiam às políticas públicas e viabilizaram algum apaziguamento de consciência às classes dominantes. Quem não era alcançado pela ajuda e os que rejeitavam essa benemerência eram considerados vagabundos, cooptáveis para delinquir e criminosos, em decorrência dessa visão social dominante (Müller, 2009). Políticas públicas eram planejadas para atender aos pobres e humildes, a esses "desfavorecidos da sorte", os quais necessitavam ingressar precocemente na força de trabalho, como uma das formas eficazes para "diminuir a vadiagem" ou para "tirar os menores das ruas", onde eles "aprendem tudo o que é ruim", menos um "ofício produtivo e útil à sociedade".

O Colégio das Fábricas, criado em 1809, foi o primeiro ato governamental brasileiro orientado para a educação profissional. A Escola de Belas Artes, criada em 1816, foi a segunda ação, que propunha ensinar ciências e desenho para apoiar os ofícios mecânicos. Na década de 1940, o governo imperial brasileiro instalou dez Casas de Educandos e Artífices em diversas capitais provinciais, iniciando por Belém, no Pará. A prioridade dessas instituições era atender menores abandonados, com objetivo explícito de diminuir a criminalidade e a vagabundagem. Em 1854, foram criados alguns Asilos da

Infância dos Meninos Desvalidos, também declaradamente destinados a crianças e adolescentes abandonados. Nesses asilos, as crianças aprendiam as primeiras letras. Em seguida, eram encaminhadas para trabalhar, em oficinas públicas e particulares, na condição de aprendizes de ofício. Os contratos eram fiscalizados pelo Juizado de Órfãos (Brasil, Parecer CNE/CEB nº 16, 1999).

Diversas sociedades civis foram criadas na metade final do século XIX, com objetivo declarado de "amparar crianças órfãs e abandonadas" ou "atender aos desvalidos da sorte". Essas instituições ofereciam alguma instrução geral e iniciação no ensino industrial. Os liceus de artes e ofícios, que neste livro são analisados em capítulo próprio, foram os representantes mais importantes dessas instituições.

Em 1861, foi organizado o Instituto Comercial do Rio de Janeiro, cujos diplomados tinham preferência para ocupar cargos públicos de amanuenses (funcionários de repartição pública que faziam cópias e registros, cuidando dos serviços de secretaria e da correspondência), nas Secretarias de Estado. Assim, teve início, nessa época, um esforço mais organizado de criação das primeiras profissões regulamentadas no Brasil, o que persiste ainda hoje.

Logo após a Proclamação da República, em 19 de abril de 1890 foi criado o Ministério da Instrução Pública, Correios e Telégrafos. Esse Ministério incorporou funções da antiga Secretaria do Interior, a instrução pública e o ensino profissional, além de outras. O ensino profissional deixou de ser supervisionado pelo Juizado de Órfãos, já sinalizando uma importante mudança de orientação. No início do século XX, apesar da continuidade da preocupação assistencialista, foi agregada uma orientação especial para a educação profissional, voltada diretamente para a formação de operários aptos para o trabalho na indústria, então ainda incipiente.

Quando o ensino profissional passou a ser atribuição do Ministério da Agricultura, Indústria e Comércio, em 1906, começou um esforço nacional para consolidar uma política de incentivo ao desenvolvimento do ensino industrial, comercial e agrícola. O presidente Afonso Pena estava empenhado na promoção do ensino prático industrial, agrícola e comercial, a ser mantido com o apoio conjunto do Governo da União e dos estados. O projeto previa a criação de campos e oficinas escolares, onde os alunos dos ginásios seriam habilitados, como aprendizes, no manuseio de instrumentos de trabalho.

Em 1910 foram instaladas dezenove **escolas de aprendizes artífices**, distribuídas em várias unidades da Federação. Eram escolas públicas e gratuitas, similares aos liceus de artes e ofícios. O ensino agrícola também foi reorganizado em 1910. Diversas escolas-oficina para qualificar ferroviários foram criadas na mesma década. Essas escolas desempenharam papel importante na educação profissional brasileira, na condição de embriões da organização da educação profissional na década seguinte, com elementos que perduraram ao longo do século passado e até o presente.

Numa série de debates promovidos pela Câmara dos Deputados nos anos 1920, houve proposta de extensão do ensino profissional a todos, pobres e ricos. A Associação Brasileira de Educação (ABE) foi fundada também nessa década de 1920, no Rio de Janeiro, por alguns educadores com ideias inovadoras. A ABE foi um polo irradiador do movimento de renovação da educação brasileira, principalmente por meio das Conferências Nacionais de Educação, realizadas a partir de 1927 (Brasil, Parecer CNE/CEB nº 16, 1999).

O Conselho Nacional de Educação foi criado em 1931, quando também ocorreu uma reforma educacional, mais conhecida pelo nome do ministro Francisco Campos. Essa reforma teve vigência até 1942, quando começou a aprovação do conjunto de decretos conhecidos como Leis Orgânicas do Ensino, que integraram a chamada Reforma Capanema (Brasil, Parecer CEN/CEB nº 16, 1999). Da Reforma Francisco Campos foram destaques os Decretos nº 19.890/31 e nº 21.241/32, que regulamentaram a organização do ensino secundário, além do Decreto nº 20.158/31, que organizou o ensino profissional comercial e regulamentou a profissão de contador. Esse último foi o primeiro instrumento legal que incluiu a ideia de itinerários de profissionalização, hoje retomada com nova ênfase. O famoso Manifesto dos Pioneiros da Educação Nova foi publicado em 1932, com o objetivo de diagnosticar e de sugerir novos rumos ao desenvolvimento de políticas públicas para a educação. Esse manifesto preconizava a organização de uma escola democrática, que proporcionasse oportunidades iguais para todos e que possibilitasse especializações, com flexibilidade e a partir da base de uma cultura geral comum ao currículo escolar. A V Conferência Nacional de Educação também foi realizada em 1932. Os resultados desse evento refletiram na Assembleia Nacional Constituinte de 1933. A Constituição de 1934 apresentou uma nova política nacional de educação e estabeleceu como competências da União "traçar Diretrizes da Educação Nacional" e "fixar o Plano Nacional de Educação". A Constituição outorgada de 1937 abandonou muito do que fora definido em 1934 sobre educação. Entretanto, foi a primeira vez que uma Constituição tratou das "escolas vocacionais e pré-vocacionais" como um "dever do Estado" em relação às "classes menos favorecidas" (art. 129). Essa obrigação do Estado deveria ser cumprida com "a colaboração das indústrias e dos sindicatos econômicos", as chamadas "classes produtoras", que deveriam "criar, na esfera de sua especialidade, escolas de aprendizes, destinadas aos filhos de seus operários ou de seus associados". O processo de industrialização desencadeado na década de 1930 exigia "crescentes contingentes de profissionais especializados, tanto para a indústria nascente quanto para os setores de comércio e serviços" (Brasil, Parecer CNE/CEB nº 16, 1999).

Em decorrência, foram baixadas as conhecidas e já mencionadas Leis Orgânicas da Educação Nacional, entre 1942 e 1946, como resposta à determinação constitucional relativa ao ensino vocacional e pré-vocacional. Outra resposta foi a criação de entidades especializadas em ensino profissional: o Senai, em 1942, e o Senac, em 1946, além da transformação das antigas escolas de aprendizes artífices em escolas técnicas federais. O conceito de menor aprendiz foi definido num decreto-lei de 1942, para os efeitos da legislação trabalhista. Outro decreto-lei tratou da organização da rede federal de estabelecimentos de ensino industrial. A educação profissional brasileira começou a se consolidar com essas providências, embora ainda considerada por muitos como educação de segunda categoria (Brasil, Parecer CNE/CEB nº 16, 1999).

O conjunto das Leis Orgânicas da Educação Nacional ainda apresentava orientação dualista. Enquanto o objetivo do ensino

secundário e normal era orientado para a formação das elites dirigentes, o do ensino profissional era voltado para oferecer "formação adequada aos filhos dos operários, aos desvalidos da sorte e aos
menos afortunados, aqueles que necessitam ingressar precocemente
na força de trabalho" (Brasil, Parecer CNE/CEB nº 16, 1999). Isso
consolidou e explicitou a herança dualista que já perdurava por séculos. O objetivo primordial do ensino acadêmico girava em torno
da formação educacional, enquanto o objetivo do ensino profissional era primordialmente assistencial. Apesar desse forte resquício de
dualismo, já era notada a importância social e econômica da formação profissional dos trabalhadores. Tanto assim, que foi estruturada a Inspetoria do Ensino Profissional Técnico no âmbito do novo
Ministério da Educação e Saúde Pública. Essa Inspetoria passou
a supervisionar as escolas de aprendizes artífices, antes ligadas ao
Ministério da Agricultura. Em 1934 essa Inspetoria foi transformada
em Superintendência do Ensino Profissional. Apesar de tudo, esse foi
um período de grande expansão do ensino industrial, impulsionada
por uma política de criação de novas escolas industriais e introdução de novas especializações nas escolas então existentes. Em 13 de
janeiro de 1937, a Lei nº 378 transformou as escolas de aprendizes
artífices em liceus destinados especificamente ao ensino profissional.
Posteriormente, o Decreto-Lei nº 4.127, de 25 de fevereiro de 1942,
transformou os liceus em escolas industriais e técnicas, passando a
oferecer a formação profissional em nível equivalente ao do ensino
secundário. A partir desse ano, inicia-se o processo formal de vinculação do ensino industrial à estrutura do ensino do país como um
todo, uma vez que os alunos formados nos cursos técnicos ficavam
autorizados a ingressar no ensino superior, embora ainda apenas em
área equivalente à da sua formação técnica.

A real equivalência entre os estudos acadêmicos e profissionalizantes só foi permitida parcialmente na década de 1950. A plena
equivalência entre todos os cursos do mesmo nível só veio a ocorrer
com a promulgação da Lei nº 4.024/61, a primeira Lei de Diretrizes e
Bases da Educação Nacional. Essa primeira LDB equiparou o ensino
profissional ao ensino acadêmico. Todos os ramos e modalidades de

ensino passaram a ser equivalentes, para fins de continuidade de estudos (Brasil, Parecer CNE/CEB nº 16, 1999).

A Lei nº 5.692/71 foi uma reforma parcial do que era então denominado ensino de primeiro e de segundo graus. Essa reforma generalizou a obrigatoriedade de oferta de educação profissional no segundo grau (atual ensino médio). Até hoje a educação profissional sofre alguns efeitos dessa lei. A oferta obrigatória e generalizada de ensino profissional no segundo grau não incluiu a preservação da educação geral, pois a carga horária foi dividida entre parte geral e parte diversificada. Na prática, a educação geral foi dividida pela metade do tempo disponível. As redes públicas de ensino técnico então existentes perderam investimentos, em decorrência da divisão de recursos com as demais escolas de segundo grau. Houve descaracterização das redes públicas de ensino secundário e normal. Criou-se uma ideia equivocada de que a formação profissional poderia resolver os problemas de emprego, levando à oferta de muitos cursos por motivação político-eleitoral.

A responsabilidade da oferta de educação profissional foi distribuída especialmente sobre os sistemas estaduais, já sobrecarregados com o crescimento quantitativo do primeiro grau, que comprometia o funcionamento adequado das escolas. As instituições especializadas não perderam qualidade diretamente, salvo pela diminuição da destinação esperada de recursos nos sistemas públicos de ensino. A qualidade mais comprometida foi em relação à oferta forçada de cursos técnicos em escolas de segundo grau que não tinham infraestrutura física, nem quadros docentes e técnicos especializados adequados.

Em decorrência das dificuldades para implementar adequadamente a primeira reforma levada a efeito na primeira LDB brasileira, a Lei nº 7.044/82 tornou facultativa a profissionalização no ensino de segundo grau. Essa lei foi uma espécie de reforma da reforma, que tornou o ensino secundário livre da profissionalização compulsória. Na prática, voltou ao estado anterior a 1971, com a educação profissional praticamente restrita às instituições especializadas, muitas delas agora descaracterizadas. Logo, as escolas de segundo grau que não estavam vocacionadas para a educação profissional voltaram a oferecer apenas o ensino acadêmico, algumas vezes acompanhado de um arremedo de profissionalização. Em resumo, a Lei nº 5.692/71 apenas gerou expectativas que foram rapidamente frustradas e ainda conseguiu agravar a já precária identidade do ensino de segundo grau (Brasil, Parecer CNE/CEB nº 16, 1999).

A herança colonial escravista influenciou preconceituosamente as relações sociais e a visão da sociedade sobre educação e sobre formação profissional. A educação escolar acadêmica era considerada dispensável para a maior parcela da população. A atividade econômica predominante não requeria educação formal para o desempenho produtivo na maior parte das funções. Os trabalhadores braçais ou semiqualificados tinham pouca autonomia para alterar as rotinas e os processos produtivos coordenados de níveis gerenciais (Brasil, Parecer CNE/CEB nº 16, 1999). O panorama se alterou nas últimas décadas, e a atual Lei de Diretrizes e Bases da Educação Nacional exige novas respostas aos novos desafios. Em sua versão original, a LDB já dispunha que "a educação profissional, integrada às diferentes formas de educação, ao trabalho, à ciência e à tecnologia, conduz ao permanente desenvolvimento de aptidões para a vida produtiva" (art. 39). Essa concepção representa a superação dos enfoques assistencialista e economicista da educação profissional, bem como do preconceito social que a desvalorizava. Na atual LDB, a educação profissional está situada na confluência de dois direitos fundamentais do cidadão, o direito à educação e o direito ao trabalho, que é traduzido pelo art. 227 da Constituição Federal como direito à profissionalização. Assim, tanto o art. 205 da Constituição Federal quanto o art. 2º da LDB apontam como finalidade da educação "o pleno desenvolvimento da pessoa (do educando), seu preparo para o exercício da cidadania e sua qualificação para o trabalho".

É oportuno ressaltar que as atuais mudanças na organização do trabalho e nos processos produtivos demandam uma revisão importante dos currículos. Isso é necessário para a educação básica como um todo, e é essencial para a educação profissional. Os trabalhadores atuais precisam ter maior autonomia intelectual, pensamento crítico, iniciativa e disposição empreendedora, além de capacidade para diagnosticar e resolver problemas. Isso exige novas políticas públicas, que contemplem uma oferta mais flexível de cursos e programas objetivamente destinados à profissionalização dos trabalhadores, de acordo com itinerários formativos que lhes possibilitem contínuo e articulado aproveitamento de estudos, bem como de seus saberes e das competências profissionais já constituídas. Nesse contexto, o que se exige é uma educação para a vida, em sentido lato, na perspectiva do "pleno desenvolvimento da pessoa, seu preparo para o exercício da cidadania e sua qualificação para o trabalho". Essa nova visão educacional poderá propiciar aos trabalhadores o desenvolvimento de conhecimentos, saberes e competências que os habilitem efetivamente para analisar, questionar e entender os fatos do dia a dia com mais propriedade e perspicácia, além da necessária capacidade investigativa diante da vida, da forma mais criativa e crítica possível. Com isso, eles estarão mais aptos para identificar necessidades, encontrar soluções e atuar adequadamente para obter os melhores resultados pessoais e coletivos, no mundo cada vez mais globalizado e planetário do trabalho (Brasil, Parecer CNE/CEB nº 11, 2012).

Após a educação básica tudo é educação profissional

TUDO É EDUCAÇÃO PROFISSIONAL DEPOIS DO ENSINO MÉDIO, NA PRÁTICA. ENTRETANTO, ESSA REALIDADE CULTURAL RARAMENTE É RECONHECIDA NO BRASIL. OS CURSOS PARA FORMAÇÃO DE TECNÓLOGOS E SUA SAGA.

A rigor, todos os cursos realizados posteriormente à conclusão do ensino médio (etapa final da educação básica) destinam-se, de uma forma ou de outra, à educação profissional. Podem ser cursos técnicos que exigem o ensino médio como pré-requisito, cursos de graduação (licenciatura, bacharelado ou tecnologia), cursos sequenciais por campos do saber ou cursos e programas de pós-graduação (aperfeiçoamento, especialização, mestrado ou doutorado). Todos esses cursos ou programas têm a formação ou o desenvolvimento profissional como um de seus objetivos centrais. O que supostamente muda é o grau de sofisticação dos conteúdos estudados e das competências esperadas no perfil de conclusão, com variação correspondente na carga horária e nos anos de duração. Portanto, todos esses cursos ou programas devem ser considerados de educação profissional (Brasil, Parecer CNE/CEB nº 16, 1999).

Raramente a educação para o trabalho esteve na pauta da sociedade brasileira como proposta universal. A educação profissional sempre foi influenciada pela herança escravista e preconceitos dela decorrentes. Em todos os seus níveis e modalidades, a educação profissional frequentemente teve caráter moralista ("para combater a vadiagem"), assistencialista (para propiciar alternativas de sobrevivência "aos menos favorecidos pela sorte") ou economicista (para atender necessidades da produção e do mercado). Isso explica por que cursos tradicionais de graduação "como direito, medicina e engenharia são considerados essencialmente acadêmicos, quando, na verdade, também e mais essencialmente, são cursos obviamente profissionalizantes" (Brasil, Parecer CNE/CP nº 29, 2002).

Fernando de Azevedo (1944) observou, no livro *A cultura brasileira*, um fato no mínimo curioso: ao criar as academias médico--cirúrgicas, militares e de agricultura no Brasil, em 1810, d. João VI pretendia superar os modelos habituais que revelavam o principal traço cultural das elites coloniais. Infelizmente, essa louvável iniciativa não produziu qualquer transformação sensível na mentalidade e na cultura colonial. Isso foi resultado da maior inclinação da sociedade brasileira para profissões liberais e para a literatura do que para atividades manuais e científicas. Frente às pressões das elites brasileiras, d. João VI não encontrou outra saída a não ser atender aos seus reclamos e criar novos cursos de bacharelado, com toda a pompa e circunstância, incluindo anel de formatura e o direito a ser chamado de doutor, mesmo só com a conclusão da graduação. Os novos profissionais assumiram gradativamente seus papéis, junto aos bacharéis, embora com acesso menor a cargos importantes da administração colonial e do reino português. Aos poucos, passaram a compor a nova elite intelectual do país, como profissionais liberais (Brasil, Parecer CNE/CP nº 29, 2002).

Os cursos de bacharelado e de licenciatura foram estruturados como soluções preponderantemente acadêmicas na sua organização curricular, principalmente em decorrência de equívocos conceituais e metodológicos que orientavam uma didática baseada no discurso (chamado de teoria), em prejuízo da prática essencial para a preparação dos profissionais que precisam resolver problemas concretos da realidade produtiva ou dos serviços. Os novos cursos de bacharelado instalados logo após a chegada da família real portuguesa ao

Brasil, mesmo sendo cursos de natureza estritamente profissional, acabaram recebendo a mesma denominação dos demais, para não se sentirem diminuídos e verem minguar suas chances burocráticas.

Assim, os cursos superiores de tecnologia herdaram desde o começo as análises preconceituosas dirigidas à educação profissional. Isso deveria ter sido superado com a LDB de 1996, mas infelizmente ainda não é a realidade dos fatos. Ainda existem muitas resistências para reconhecer suas competências e atribuições profissionais, em especial no que se refere às profissões regulamentadas. Ainda é necessário "romper de vez com esse preconceito, oferecendo uma educação profissional de nível superior que não seja apenas uma educação técnica de nível mais elevado, simplesmente pós-secundária ou sequencial", mas de graduação, com idêntico valor em termos de reconhecimento social (Brasil, Parecer CNE/CP nº 29, 2002).

O enfoque preconceituoso, que a legislação superou antes da prática social efetiva, prejudica tanto os cursos de tecnologia quanto os bacharelados e as licenciaturas. No caso dos bacharelados e das licenciaturas, o prejuízo principal é decorrente dos equívocos conceituais e metodológicos, que dificultam ou inviabilizam a necessária qualificação profissional dos egressos. Estes, em muitos casos, só aprenderam a repetir discursos teóricos sobre as disciplinas acadêmicas, e seus diplomas servem apenas como documento cartorial para que possam aprender na prática cotidiana a desempenhar as profissões para as quais supostamente foram preparados.

O grande desafio, no caso dos cursos superiores de tecnologia, está em fundamentar seus currículos no conhecimento tecnológico, em sintonia com a realidade do mundo do trabalho e com a articulação efetiva das várias dimensões de educação, trabalho, ciência, cultura e tecnologia (Brasil, Parecer CNE/CP nº 29, 2002).

Desde a reforma universitária de 1968 houve alguns encaminhamentos para cursos superiores com duração menor e foco mais específico do que os longos e dispendiosos bacharelados. Os cursos de engenharia de produção (ou engenharia de operação) foram pioneiros na regulamentação, em 1965. Eram focados na indústria automobilística e tinham duração média de três anos, oferecendo habilitação profissional um pouco superior à habilitação técnica de nível médio, porém abaixo da qualificação do engenheiro "pleno" (bacharelado desenvolvido em curso de quatro ou cinco anos). Alguns desses cursos já eram denominados como cursos de tecnologia ou simplesmente como cursos de curta duração. A Escola Técnica Federal do Rio de Janeiro ofereceu o primeiro curso em convênio com a Universidade Federal do Rio de Janeiro. A Faculdade de Engenharia Industrial (FEI) e outras instituições públicas e particulares realizaram cursos de engenharia de operação em São Paulo (Brasil, Parecer CNE/CP nº 29, 2002).

A história desses cursos de engenharia de operação foi relativamente curta. Durou pouco mais de dez anos. O insucesso decorreu de duas causas principais. Uma foi relacionada com o próprio currículo mínimo, concebido para atender a todas as áreas da engenharia. Outra causa foi a reação corporativista à denominação "engenheiro de operação" para os egressos. Em decorrência dos conflitos gerados, a maioria dos graduados como engenheiros de operação buscaram complementar seus cursos para conseguir registro profissional como engenheiros, sem restrições e impasses burocráticos (Brasil, Parecer CNE/CP nº 29, 2002).

A Lei nº 5.540/68, conhecida como Lei da Reforma Universitária, permitia oferta de cursos superiores variados, para responder a diferentes realidades econômicas e sociais. Assim, as questões relativas aos cursos superiores de tecnologia e aos cursos de curta duração foram muito debatidas no início da década de 1970. "O Projeto nº 19 do Plano Setorial de Educação e Cultura para o período de 1972/1974 previa incentivo especial para os cursos de nível superior de curta duração, no contexto e no espírito da reforma universitária e dos acordos do MEC/USAID/BIRD" (Brasil, Parecer CNE/CP nº 29, 2002). A formação de tecnólogos, em cursos superiores de menor duração e carga horária mais reduzida, era complemento à oferta compulsória de cursos técnicos de segundo grau, e também servia para diminuir a pressão dos jovens da época por vagas nos cursos superiores tradicionais.

Uma análise objetiva da realidade do mercado de trabalho no início da década de 1970 demonstrava que os profissionais qualificados em cursos superiores estavam sendo requisitados para funções que poderiam ser exercidas com uma formação mais prática e rápida. Daí o grande incentivo daquela época para a realização de cursos técnicos de nível médio (do então segundo grau) e de outros de nível superior, que deram origem aos cursos superiores de tecnologia. A própria denominação das disciplinas curriculares, mesmo quando apresentassem conteúdo equivalente ao de um curso superior tradicional, deveria ser diferente, pois tudo deveria ser feito para que o curso de tecnólogo fosse apresentado ao candidato como algo especial e terminal, que o conduziria à inserção imediata no mercado de trabalho.

Os cursos superiores de tecnologia receberam atenção especial do MEC. Entre 1973 e 1975 foram implantados 28 novos cursos superiores de tecnologia, em 19 instituições de ensino superior, a maioria em universidades e instituições federais (Brasil, Parecer CNE/CP nº 29, 2002).

Entre 1975 e 1979 houve empenho maior do MEC na implementação de novos cursos superiores de tecnologia e no incentivo à criação de melhores condições para seu funcionamento. O MEC recomendou às instituições que ofereciam esses cursos superiores de tecnologia: estreitar a aproximação com o mundo empresarial; realizar rigorosa pesquisa de mercado de trabalho; oferecer os cursos apenas em áreas profissionais demandadas pelas empresas; fixar número de vagas de acordo com as condições existentes no estabelecimento de ensino e conforme a capacidade de absorção dos formandos pelo mercado de trabalho; diminuir o número de vagas e desativar os cursos quando houvesse saturação de profissionais no mercado regional; selecionar corpo docente, equipe de laboratoristas e instrutores das disciplinas profissionalizantes, de preferência dentre profissionais das próprias empresas (Brasil, Parecer CNE/CP nº 29, 2002).

Em geral, essas recomendações não foram acatadas por todos os estabelecimentos superiores de ensino com a devida seriedade. Isso comprometeu a qualidade requerida em muitas situações. Esses equívocos só contribuíram para reforçar alguns preconceitos e criar novas dificuldades. Em 1974, o MEC designou uma comissão especial para avaliar a oferta de cursos de engenharia de operação por escolas técnicas federais. Essa comissão propôs transferir os cursos para universidades federais e criar Centros Federais de Educação Tecnológica, para oferecer cursos superiores de tecnologia. Pela proposta, esses novos cursos "deveriam primar pela sua sintonia com o mercado de trabalho, com ênfase no desenvolvimento tecnológico local e nacional" (Brasil, Parecer CNE/CP nº 29, 2002).

O Governo do Estado de São Paulo criou a Universidade Paulista "Júlio de Mesquita Filho" (Unesp) em 1976 e transformou o Centro Estadual de Educação Tecnológica de São Paulo, hoje Centro Paula Souza, em autarquia de regime especial vinculada e associada a essa universidade (Brasil, Parecer CNE/CP nº 29, 2002). O Centro de Educação Tecnológica da Bahia foi criado pela Lei nº 6.344, de 6 de julho de 1976, com o objetivo de "ministrar cursos de caráter intensivo e terminal, conducentes à formação do tecnólogo" (art. 3º).

Em 1979 houve manifestação de estudantes dos cursos superiores de tecnologia das Faculdades de Tecnologia de São Paulo e de Sorocaba, em greve geral que durou de abril a agosto. Os estudantes exigiam que os cursos de tecnologia fossem transformados em cursos de engenharia industrial. A reivindicação foi motivada principalmente pela forma preconceituosa da recepção dos tecnólogos pelo mercado de trabalho. O Governo do Estado de São Paulo, apoiado pelo Conselho Estadual de Educação, rejeitou as reivindicações e manteve os cursos superiores de tecnologia. Essa decisão governamental firme e resoluta foi de importância fundamental para a manutenção e a valorização dos cursos superiores de tecnologia no cenário educacional e no mundo do trabalho, não só no estado de São Paulo como em todo país. Não é exagero afirmar que essa decisão histórica selou o destino dos cursos de tecnologia no Brasil (Peterossi, 1999).

Os primeiros cursos superiores de tecnologia surgiram amparados pelo art. 104 da Lei nº 4.024/61, a nossa primeira LDB, que atribuía aos Conselhos de Educação a possibilidade de autorizar o funcionamento de cursos ou escolas experimentais, com currículos, métodos e períodos escolares próprios. Essa flexibilização possibilitou que o antigo Conselho Federal de Educação (CFE) aprovasse o curso de engenharia de produção, com duração de três anos, objetivando formar um profissional centrado, especialmente, no desenvolvimento de atividades de supervisão em setores especializados da indústria. A proposta de implementação desse curso foi aprovada pelo Parecer CFE nº 60, de 9 de fevereiro de 1963. O currículo mínimo foi aprovado pelo Parecer CFE nº 25, de 4 de fevereiro de 1965.

A já mencionada Lei da Reforma Universitária representou um reforço para essa iniciativa, especialmente por conta dos dispositivos dos arts. 18 e 23. O art. 18 indicava que "além dos cursos correspondentes a profissões reguladas em lei, as universidades e os estabelecimentos isolados poderão organizar outros para atender às exigências de sua programação específica e fazer face a peculiaridades do mercado de trabalho regional". O art. 23, por seu turno, propunha que "os cursos profissionais poderão, segundo a área abrangida, apresentar modalidades diferentes quanto ao número e à duração, a fim de corresponder às condições do mercado de trabalho".

O CFE também determinou que o profissional formado nesse curso superior de graduação deveria ser denominado tecnólogo. As principais experiências pioneiras de cursos superiores de tecnologia ocorreram no estado de São Paulo, entre 1970 e 1972. Posteriormente, o Decreto nº 97.333, de 22 de dezembro de 1988, autorizou o Senac de São Paulo a criar seu primeiro curso superior de tecnologia em hotelaria. O curso foi oferecido na capital e no Hotel-Escola Senac de Águas de São Pedro. Outros cursos foram autorizados e realizados, do próprio Senac, do Senai e de outras instituições públicas e particulares. Assim, a oferta de cursos superiores de tecnologia se ampliou e diversificou significativamente (Brasil, Parecer CNE/CP nº 29, 2002).

A grande expansão dos cursos superiores de graduação em tecnologia ocorreu efetivamente após a promulgação da Lei nº 9.394/96, a atual LDB. Após a regulamentação dos dispositivos legais da LDB de 1996 pelo Decreto nº 2.208/97 e da aprovação das diretrizes curriculares nacionais para a educação profissional de nível técnico, em 1999, a Câmara de Educação Superior (CES) do Conselho Nacional de Educação constituiu comissão especial para analisar os cursos superiores de tecnologia.

Primeiramente, era preciso definir em qual modalidade de ensino superior se integravam os cursos de natureza tecnológica, nomeados como de tecnólogos pelo Decreto nº 2.208/97, e pelo Decreto nº 2.406, de 27 de novembro de 1997, mas não explicitados claramente no próprio texto da LDB. O entendimento de que o nível tecnológico constituía curso de nível superior já havia sido caracterizado e foi reafirmado pelo Parecer CNE/CEB nº 17, de 3 de dezembro de 1997. Esse parecer define que a "educação profissional tecnológica, acessível aos egressos do ensino médio, integra-se à educação superior e regula-se pela legislação referente a esse nível de ensino" (Brasil, Parecer CNE/CEB nº 17, 1997). Entretanto, não deixa claro se esse seria um curso de graduação ou sequencial por campo do saber.

Assim, a questão básica debatida pela Comissão Especial constituída no âmbito da Câmara de Educação Superior do Conselho Nacional de Educação centrou-se na identificação clara do perfil profissional de conclusão desses cursos, para saber se esses cursos para formação dos tecnólogos deveriam ser considerados como cursos de graduação, nos termos do inciso II do art. 44 da LDB, ou se seriam enquadrados como cursos sequenciais por campos do saber, nos termos do inciso I do referido artigo.

Os debates iniciais da matéria levaram à conclusão parcial de que os cursos superiores de tecnologia, por sua natureza e características, poderiam ser classificados tanto como cursos superiores sequenciais de formação específica quanto como cursos de graduação. Por essa razão, ficou decidido que o assunto deveria ser mais profundamente abordado por uma Comissão Bicameral, para elaborar diretrizes curriculares nacionais orientadoras da oferta da educação profissional de nível tecnológico. O plenário do Conselho Nacional de Educação constituiu essa Comissão Bicameral para tratar da matéria, na qual compartilhei a relatoria do parecer com o conselheiro Ataíde Alves.

As duas Comissões Especiais desenvolveram seus estudos paralelamente, objetivando resolver a questão apresentada à luz do art. 90 da LDB, que define ser competência do Conselho Nacional de Educação resolver questões suscitadas na transição entre o regime ditado pela legislação anterior e pela atual LDB. A Comissão

Especial constituída no âmbito da CES/CNE foi a primeira a concluir os seus trabalhos, chegando à conclusão de que os cursos superiores de tecnologia são cursos de graduação, subordinados a diretrizes curriculares nacionais aprovadas pelo Conselho Nacional de Educação. Entretanto, essa decisão fazia ressalva sobre ser necessário considerar "algumas premissas que os distingam dos demais cursos de graduação existentes, cuja legislação e processualística encontram-se consolidadas, não se devendo abrir qualquer tipo de exceção". O Parecer CNE/CES nº 436/01, que normatizou a matéria, foi devidamente homologado pelo senhor ministro da Educação em 6 de abril de 2001. Imediatamente, a Comissão Bicameral aprofundou seus estudos. Foram trabalhos intensos, com debates acalorados em audiências públicas nacionais, objetivando concluir logo a tarefa. O Parecer CNE/CP nº 29, proposto pela referida Comissão Bicameral, foi aprovado em 3 de dezembro de 2002 e fundamentou a Resolução CNE/CP nº 3/02, que instituiu as diretrizes curriculares nacionais gerais para a organização e o funcionamento dos cursos superiores de tecnologia.

Essa definição representou grande incentivo às instituições superiores de ensino e às instituições especializadas em educação profissional para oferta de cursos superiores de graduação em tecnologia. O Decreto nº 5.154/04, que substituiu e revogou o Decreto nº 2.208/97, por sua vez, definiu que esses cursos superiores de educação profissional tecnológica são cursos "de graduação e de pós-graduação". Considerando esse dispositivo legal e uma proposta apresentada pelo Ministério da Educação, o Parecer CNE/CES nº 277, de 7 de dezembro de 2006, definiu nova forma de organização da educação profissional e tecnológica de graduação e instituiu uma nova organização para agrupamento desses cursos por eixos tecnológicos, nos termos do Catálogo Nacional dos Cursos Superiores de Tecnologia (CNCST). A partir dessas definições e da divulgação ostensiva do CNCST, esses cursos se consolidaram como opções importantes de educação profissional no âmbito dos cursos superiores de graduação, hoje formalmente inseridos no art. 39 da LDB, pela Lei nº 11.741/08.

Atualmente, no Conselho Nacional de Educação, as diretrizes curriculares gerais para a organização e oferta dos cursos superiores de tecnologia estão sendo reexaminadas no âmbito de outra Comissão Bicameral especialmente constituída. A Comissão original, que trabalhou arduamente sobre essas propostas nos últimos anos, não chegou a concluir o seu trabalho antes do vencimento de mandato de vários de seus membros, inclusive do meu mandato.

O cargo de tecnólogo é apresentado na Classificação Brasileira de Ocupações (CBO) sob o código CBO nº 0.029.90, com a seguinte descrição: "estudar, planejar, projetar, especificar e executar projetos específicos da área de atuação".

Encontra-se em tramitação no Congresso Nacional o Projeto de Lei nº 2.245/07, de autoria do deputado Reginaldo Lopes, apresentado em 17 de outubro de 2007, que "regulamenta a profissão de tecnólogo e dá outras providências". Esse projeto de lei foi encaminhado para apreciação conclusiva, em regime de tramitação ordinária, das seguintes Comissões, nas quais foi devidamente aprovado: Trabalho; Administração e Serviço Público; Justiça e Cidadania; Educação e Cultura. Atualmente, está aguardando deliberação do recurso formulado à Mesa Diretora da Câmara dos Deputados em 16 de março de 2017, requerendo a inclusão do referido projeto na Ordem do Dia da pauta de votações plenárias, atendendo solicitação de plenário.

PÓS-GRADUAÇÃO: ELITIZAÇÃO DA EDUCAÇÃO PROFISSIONAL NA ONDA DA GLOBALIZAÇÃO OU MUNDIALIZAÇÃO – ESPECIALIZAÇÕES, MBAS OU SIMILARES, BEM COMO MESTRADOS E DOUTORADOS ACADÊMICOS E PROFISSIONAIS.

Como já afirmamos anteriormente, após a educação básica todas as atividades educacionais são atividades de educação profissional. Na pós-graduação, isso é ainda mais óbvio e reconhecido, até por quem normalmente nem refletiu sobre o fato.

Com a complexidade crescente das profissões modernas e com a incorporação constante de novas práticas e tecnologias, cada vez se torna mais necessário que os profissionais graduados participem de cursos de atualização profissional, especialização, mestrado, doutorado ou pós-doutorado.

Na época de nossos pais, para exercer muitas profissões o curso secundário já era grande diferencial competitivo; atualmente, só um profissional com um ou mais cursos de pós-graduação tem oportunidade de encontrar trabalhos bem remunerados.

A globalização ou mundialização dos mercados é fator que estimula essa elitização da educação profissional baseada em cursos de pós-graduação, com ênfase especial nas ocupações gerenciais e nas atividades com componentes tecnológicos mais relevantes.

Muitas empresas e organizações investem no desenvolvimento profissional de seus colaboradores, planejando turmas exclusivas para as equipes ou financiando participação em cursos de pós-graduação em oferta aberta aos interessados que atendem aos pré-requisitos, principalmente nas modalidades de especialização, aperfeiçoamento ou atualização profissional.

No segmento gerencial, por analogia com os cursos de mestrado norte-americanos, denominados *Master of Business Administration* e mais conhecidos pela sigla MBA, nas últimas décadas ampliou-se muito a demanda de profissionais já atuantes ou interessados em vagas para cargos gerenciais por cursos com orientação prática similar à dos chamados MBA internacionalmente reconhecidos. No Brasil, os cursos de mestrado historicamente sempre tiveram foco mais acadêmico, com orientação profissional destinada à formação de pesquisadores e de professores universitários. Com a oportunidade decorrente da demanda, muitas universidades passaram a oferecer cursos nomeados com a sigla MBA, embora na organização formal da pós-graduação nacional sejam caracterizados como cursos de especialização e classificados como pós-graduação *lato sensu*. Em muitos casos, esses cursos de especialização são incluídos como atividades de extensão universitária, especialmente em universidades públicas que têm restrições formais explícitas para cobrança de taxas dos participantes em cursos de graduação e de pós-graduação, mas cobram pelas atividades de extensão.

A demanda por programas de pós-graduação *stricto sensu* com foco prioritário na atuação profissional, além da preparação de pesquisadores e docentes para o ensino superior, contribuiu para ampliar os programas de mestrado e doutorado profissional no Brasil, que são devidamente regulamentados pelo MEC e avaliados pela Coordenação de Aperfeiçoamento de Pessoal de Nível Superior (Capes). A tendência segue na direção do desenvolvimento acelerado das ofertas de cursos superiores de tecnologia, tanto de graduação quanto de pós-graduação, conforme previsto no art. 39 da LDB, na redação dada pela Lei nº 11.741/08.

O tema foi regulamentado pela Portaria Normativa MEC nº 17, de 28 de dezembro de 2009, que define mestrado profissional como "uma modalidade de pós-graduação *stricto sensu* voltada para a capacitação de profissionais, nas diversas áreas do conhecimento, mediante o estudo de técnicas, processos ou temáticas que atendam a alguma demanda do mercado de trabalho". Algumas características enfatizadas na referida portaria para a adequada configuração dos cursos de mestrado profissional são:

- A estrutura curricular deve enfatizar a "articulação entre conhecimento atualizado, domínio da metodologia pertinente e aplicação orientada para o campo de atuação profissional específico". Parte dos docentes deve ser de "profissionais reconhecidos em suas áreas de conhecimento por sua qualificação e atuação destacada em campo pertinente ao da proposta do curso".

- O trabalho final do curso deve ser sempre vinculado a problemas reais da área de atuação do profissional-aluno e de acordo com a natureza da área e a finalidade do curso.

Mais recentemente, a Portaria MEC nº 389, de 23 de março de 2017, incluiu os programas de doutorado profissional como oferta possível "no âmbito da pós-graduação *stricto sensu*", ressaltando, em seu art. 3º, que "os títulos de mestres e doutores obtidos nos cursos profissionais avaliados pela Coordenação de Aperfeiçoamento de Pessoal de Nível Superior – Capes, reconhecidos pelo Conselho Nacional de Educação – CNE e homologados pelo Ministro de Estado da Educação, terão validade nacional". Portanto, são equiparados aos chamados mestrados e doutorados acadêmicos, guardadas as suas especificidades. Essa é uma questão que foi muito debatida quando da aprovação do Parecer CNE/CP nº 29/02, quando já enfatizávamos que

> a tecnologia passa a constituir relevante diferencial de desenvolvimento econômico e social das nações. Por um lado, proporciona melhoria de condições de vida das populações; por outro, agrava e acentua a desigualdade entre países e povos criadores e detentores de tecnologia e outros simples compradores e usuários de patentes e produtos tecnologicamente avançados. Dessa forma, é importante conhecer e destacar os campos e limites de geração, difusão, domínio, transferência, aplicação e reprodução de tecnologia. (Brasil, Parecer CNE/CP nº 29, 2002, item Tecnologia, Educação Tecnológica e Formação do Tecnólogo)

Na verdade, em muitas profissões universitárias de natureza mais técnica, alguns dos cursos e programas acadêmicos de mestrado e doutorado já contêm elementos significativos com enfoque profissionalizante de especialização avançada, além da formação de pesquisadores e professores para a educação superior.

Escolas técnicas públicas: federais e estaduais

O PAPEL DESEMPENHADO PELAS
REDES DE ESCOLAS TÉCNICAS
FEDERAIS (ETFs) E DAS ESCOLAS
TÉCNICAS ESTADUAIS (ETECS).

A principal e maior rede pública de educação profissional no Brasil é a rede federal, seguida pela rede estadual paulista (Centro Paula Souza) e por outras redes estaduais.

A história oficial da Rede Federal de Educação Profissional, Científica e Tecnológica começou em 1909, quando Nilo Peçanha criou dezenove escolas de aprendizes artífices que se tornaram o embrião dos Centros Federais de Educação Profissional e Tecnológica (Cefets), embora sua pré-história possa ser detectada um século antes, quando o príncipe regente d. João VI criou o Colégio das Fábricas, em 1809.

No início, essas escolas foram pensadas muito mais como instrumento de política voltado para as "classes desprovidas". Hoje, a rede federal atua em todo o território nacional e é uma estrutura importante para que todas as pessoas tenham acesso efetivo às conquistas científicas e tecnológicas acumuladas pela humanidade.

Em seu *site* institucional, a rede federal define como sua missão "qualificar profissionais para os diversos setores da economia brasileira, realizar pesquisa e desenvolver novos processos, produtos e serviços em colaboração com o setor produtivo" (Brasil, 2016).

A rede federal é vinculada ao Ministério da Educação e atualmente é constituída por Institutos Federais de Educação, Ciência e Tecnologia, Centros Federais de Educação Tecnológica, escolas técnicas vinculadas às Universidades Federais, Universidade Tecnológica Federal do Paraná e Colégio Pedro II.

Ainda no *site* da rede federal é possível encontrar um arquivo com uma linha do tempo (Brasil, s/d.). Selecionamos algumas datas consideradas importantes pela própria rede federal e que são abordadas com enfoque mais específico do que o do capítulo deste livro que trata da linha do tempo em perspectiva mais ampla:

- **1909.** O presidente Nilo Peçanha assina o Decreto nº 7.566 em 23 de setembro, criando as já mencionadas dezenove escolas de aprendizes artífices.

- **1927.** O Decreto nº 5.241/27 definiu que "o ensino profissional é obrigatório nas escolas primárias subvencionadas ou mantidas pela União".

- **1937.** A Constituição Federal promulgada pelo governo Getúlio Vargas tratou da educação profissional e industrial em seu art. 129. Enfatizou o dever de Estado e definiu que as indústrias e os sindicatos econômicos deveriam criar escolas de aprendizes na esfera da sua especialidade (art. 129). A Lei nº 378/37, que reorganizou o Ministério da Educação e Saúde Pública, também transformou as escolas de aprendizes artífices mantidas pela União em liceus industriais e instituiu novos liceus, para propagação nacional "*do ensino profissional, de todos os ramos e graus*" (art. 37).

- **1942.** O Decreto-Lei nº 4.073/42, conhecido como Lei Orgânica do Ensino Industrial, definiu que o ensino industrial será ministrado em dois ciclos: o primeiro abrange o ensino industrial básico, o ensino de mestria, o ensino artesanal e a aprendizagem; o segundo compreende o ensino técnico e o ensino pedagógico.

- **1942.** O Decreto-Lei nº 4.127/42, que estabeleceu as bases de organização da rede federal de estabelecimentos de ensino industrial, constituída de escolas técnicas, industriais, artesanais e de aprendizagem, extinguiu os liceus industriais, transformando-os em escolas industriais e técnicas, as quais passaram a oferecer formação profissional nos dois ciclos do ensino industrial.

- **1946.** O Decreto-Lei nº 9.613/46, conhecido como Lei Orgânica do Ensino Agrícola, tratou dos estabelecimentos de ensino agrícola federais, equiparados e reconhecidos, entre os quais as fazendas-modelo, então administradas pelo Ministério da Fazenda. De acordo com os arts. 53 e 54 dessa lei, o ensino agrícola deveria ser ministrado pelos poderes públicos e continuou livre à iniciativa particular. Os estabelecimentos educacionais estaduais e do Distrito Federal passaram a ser caracterizados como "estabelecimentos de ensino equiparados", quando devidamente "autorizados pelo Governo Federal". Os estabelecimentos de ensino agrícola mantidos pelos municípios ou por pessoa natural ou pessoa jurídica de direito privado, quando também autorizados pelo Governo Federal, passaram a ser designados "estabelecimentos de ensino reconhecidos".

- **1959.** Foram instituídas as escolas técnicas federais como autarquias, a partir das escolas industriais e técnicas mantidas pelo Governo Federal.

- **1961.** Em 20 de dezembro foi promulgada a Lei nº 4.024/61. Essa foi a primeira Lei de Diretrizes e Bases da Educação Nacional, definida com base na Constituição Democrática de 1946. Essa LDB concedeu plena equivalência a todos os cursos desenvolvidos no nível do ensino secundário, com idênticos valores formativos, para fins de continuidade de estudos no nível da educação superior.

- **1967.** As fazendas-modelo foram transferidas do Ministério da Agricultura para o MEC e passaram a ser denominadas escolas agrícolas.

- **1971.** A Lei nº 5.692/71 definiu que todo o ensino de segundo grau, hoje denominado ensino médio, deveria conduzir o educando à conclusão de uma habilitação profissional técnica ou, ao menos, de auxiliar técnico (habilitação parcial). Essa reforma do ensino de primeiro e de segundo graus alterou profundamente toda a estrutura educacional desses cursos, bem como das próprias redes de ensino profissional, que passaram a integrar a rede geral de ensino de primeiro e de segundo graus, seguindo os mesmos objetivos de uma suposta rede unificada de ensino pré-universitário, com objetivos articulados de terminalidade e continuidade.

- **1978.** As escolas técnicas federais do Paraná, do Rio de Janeiro e de Minas Gerais foram transformadas em Centros Federais de Educação Tecnológica (Cefets), pela Lei n.º 6.545, de 30 de junho.

- **1982.** A Lei n.º 7.044/82 reformulou a Lei n.º 5.692/71 e retirou a obrigatoriedade da habilitação profissional no ensino de segundo grau.

- **1994.** Foi instituído o Sistema Nacional de Educação Tecnológica, integrado pela rede federal e pelas redes ou escolas congêneres dos estados, dos municípios e do Distrito Federal. Na rede federal houve transformação gradativa das escolas técnicas federais e das escolas agrícolas federais em Cefets.

- **1996.** Em 20 de dezembro de 1996 foi promulgada a segunda Lei de Diretrizes e Bases da Educação Nacional, também conhecida como Lei Darcy Ribeiro de Educação Nacional. Essa LDB dedicou o Capítulo III do seu Título VI à educação profissional. Posteriormente, esse capítulo foi denominado "Da Educação Profissional e Tecnológica" pela Lei n.º 11.741/08, que incluía Seção IV-A no Capítulo II, para tratar especificamente da educação profissional técnica de nível médio.

- **1999-2002.** Foram definidas diretrizes curriculares nacionais para a educação profissional de nível técnico, pela Resolução CNE/CEB n.º 4/99, com fundamento no Parecer CNE/CEB n.º 16/99; em 2002, foram definidas as diretrizes curriculares nacionais gerais para a educação profissional de nível tecnológico pela Resolução CNE/CP n.º 03/02, com fundamento no Parecer CNE/CP n.º 29/02.

- **2003-2010.** Foram entregues 214 novas unidades educacionais federais à população brasileira.

- **2005.** A primeira fase do Plano de Expansão da Rede Federal foi lançada, com a construção de 60 novas unidades. O Cefet do Paraná passa a ser Universidade Tecnológica Federal do Paraná.

- **2008.** Foram instituídos 160 Institutos Federais de Educação, Ciência e Tecnologia (IFs), pela transformação de escolas federais das diversas configurações anteriores.

- **2012.** Foram definidas as atuais diretrizes curriculares nacionais para a educação profissional técnica de nível médio, pela Resolução CNE/CEB nº 6/12, com fundamento no Parecer CNE/CEB nº 11/12.

- **2014.** Com a conclusão de novas 208 unidades, a rede federal passou a contar com 562 escolas, distribuídas em todo o território nacional.

- **2016.** Nesse ano, a rede federal já contava com 644 unidades educacionais, estruturadas a partir da Rede de Institutos Federais de Educação, Ciência e Tecnologia, as quais atendem diretamente a 568 municípios brasileiros.

Os Institutos Federais de Educação, Ciência e Tecnologia são equiparados às universidades federais do ponto de vista administrativo. São instituições de educação superior, básica e profissional, pluricurriculares e multicampi. São especializados na oferta de educação profissional e tecnológica nas diferentes modalidades de ensino, com base na conjugação de conhecimentos técnicos e tecnológicos com as suas práticas pedagógicas. No âmbito de sua atuação, os Institutos Federais exercem o papel de instituições acreditadoras e certificadoras de competências profissionais.

Os Institutos Federais têm autonomia para criar e extinguir cursos, nos limites de sua área de atuação territorial, bem como para registrar diplomas dos cursos por eles oferecidos, mediante autorização do seu Conselho Superior. No caso da oferta de cursos a distância, devem ser atendidas as normas específicas.

Redes estaduais

Diversos estados mantêm estruturas similares à da rede federal, destinadas à organização de redes de instituições de educação profissional. Em alguns casos, essas estruturas estão dentro da respectiva Secretaria Estadual de Educação; em outros, estão no âmbito de Secretarias Estaduais de Ciência e Tecnologia ou similares, ou funcionam como redes especialmente configuradas. Ainda existem escolas públicas dedicadas à educação profissional em outros estados ou até mesmo municípios, porém em departamentos da própria Secretaria de Educação. Neste trabalho, a título de exemplo, destacamos as redes de educação profissional mantidas pelos estados de São Paulo, Bahia, Rio de Janeiro, Acre e Amazonas.

O Centro Paula Souza, no estado de São Paulo, é a segunda rede pública dedicada à educação profissional no Brasil, quanto ao número de unidades, profissionais envolvidos e estudantes atendidos. O CPS é uma autarquia do Governo do Estado de São Paulo, vinculada à Secretaria de Desenvolvimento Econômico, Ciência, Tecnologia e Inovação (SDECTI).

A instituição foi criada em 1969, com a missão de organizar os primeiros cursos superiores de tecnologia, sendo resultado de um grupo de trabalho constituído para avaliar a viabilidade da organização gradativa de uma rede de cursos superiores de tecnologia com duração de dois e três anos.

Começou a operar em 1970 com o nome de Centro Estadual de Educação Tecnológica de São Paulo (CEET). Inicialmente, oferecia três cursos de tecnologia na área de construção civil e dois cursos na área de mecânica (desenhista projetista e oficinas). As duas primeiras Faculdades de Tecnologia foram instaladas nos municípios de Sorocaba e São Paulo.

Ao longo das últimas décadas, o Centro Paula Souza passou a englobar a educação profissional técnica de nível médio, absorvendo unidades já existentes no âmbito da Secretaria Estadual de Educação e construindo novas escolas em todas as regiões do estado. Atualmente o CPS administra 220 escolas técnicas estaduais (Etecs) e 66 Faculdades de Tecnologia (Fatecs), atendendo mais de 290 mil alunos em cursos técnicos de nível médio e cursos de graduação em tecnologia, em mais de 300 municípios paulistas.

As Etecs atendem cerca de 213 mil estudantes em cursos técnicos concomitantes com o ensino médio e cursos técnicos integrados ao ensino médio. Oferecem 138 cursos técnicos para os setores industrial, agropecuário e de prestação de serviços. Há oferta nas modalidades presencial e semipresencial *on-line*, além de educação de jovens e adultos e especialização técnica de nível médio.

As Fatecs atendem mais de 77 mil alunos em 72 cursos de graduação tecnológica, em diversas áreas do conhecimento e de atuação profissional. Além da graduação, são oferecidos cursos de pós-graduação, atualização tecnológica e extensão.

A rede estadual de educação profissional do estado da Bahia é composta atualmente por 33 Centros Territoriais de Educação Profissional, 38 Centros Estaduais de Educação Profissional, 22 anexos de Centros de Educação Profissional e 92 unidades escolares de ensino médio que também ofertam cursos de educação profissional. Essa rede atende a 121 municípios em todo o estado da Bahia. Os Centros Territoriais e Estaduais de Educação Profissional foram criados em 2008 e possuem uma estrutura administrativa diferenciada das demais unidades escolares estaduais. O objetivo manifesto da rede estadual de educação profissional da Bahia é o de "consolidar e ampliar a oferta da educação profissional em consonância com o desenvolvimento socioeconômico e ambiental dos territórios baianos, promovendo a inserção cidadã na vida social e no mundo do trabalho" (Bahia, s/d.).

A Fundação de Apoio à Escola Técnica (Faetec) é a rede de educação profissional vinculada à Secretaria de Estado de Ciência e Tecnologia do Rio de Janeiro. Sua atuação começou em 1997. Atualmente, a rede Faetec atende cerca de 300 mil alunos por ano em mais de 130 unidades de ensino. Esses atendimentos incluem a oferta na formação inicial e continuada, na qualificação profissional, no ensino técnico de nível médio e na educação superior, na área da educação tecnológica (Faetec, s/d.).

A Faetec é uma entidade sem fins lucrativos, com personalidade jurídica de Direito Público. Sua sede administrativa está localizada na capital do Rio de Janeiro, no bairro de Quintino Bocaiúva, zona norte da cidade. A Fundação contribui para o desenvolvimento econômico e social dos municípios fluminenses e está em processo de expansão pelo estado, com ampla oferta de educação profissional e tecnológica pública e gratuita em todas as regiões do estado do Rio de Janeiro. Atualmente, 51 municípios já contam com unidades da Fundação (Faetec, s/d.).

A Faetec é constituída pelas seguintes unidades: escolas técnicas estaduais (ETEs), centros de educação tecnológica e profissionalizante (Ceteps), centros vocacionais tecnológicos (CVTs), escolas de artes técnicas (EATs), faculdades de educação tecnológica do estado do Rio de Janeiro (Faeterjs) e centros de referência em formação de profissionais da educação (Iserj e Isepam) (Faetec, s/d.).

A educação profissional no estado do Acre foi atribuída a um órgão próprio, que é o Instituto de Desenvolvimento da Educação Profissional Dom Moacyr (IDM). O IDM é oriundo da Gerência de Educação Profissional da Secretaria de Estado de Educação. Em dezembro de 2005 foi instituído como autarquia estadual por lei própria e passou a coordenar a política pública de educação profissional do Estado. O IDM mantém centros de educação profissional nos municípios acreanos de Rio Branco, Cruzeiro do Sul, Plácido de Castro e Xapuri. As unidades educacionais oferecem cursos técnicos de nível médio e cursos destinados à formação inicial e continuada de jovens e adultos trabalhadores e candidatos a emprego. Desde sua criação, a rede IDM já ofertou mais de 50 mil vagas para jovens e adultos em todos os municípios do estado (IDM, s/d.).

O Centro de Educação Tecnológica do Amazonas (Cetam), no estado do Amazonas, é uma autarquia vinculada à Secretaria de Estado de Educação e Qualidade do Ensino (Seduc), que desenvolve ações relacionadas à oferta de educação profissional em todo o estado do Amazonas, com foco na capacitação de pessoas para a ampliação das oportunidades de empregabilidade e de geração de renda por meio do trabalho autônomo. O Cetam atua em Manaus e nos 61 municípios do Amazonas. Oferece cursos em unidades próprias de ensino ou por meio de parcerias com instituições de natureza pública federal, estadual e municipal, com o setor empresarial, com organizações não governamentais e com outras entidades. A oferta de educação profissional realizada pelo Cetam está distribuída em formação técnica, qualificação profissional e inclusão digital (Cetam, s/d.).

Além dessas redes estaduais citadas, algumas outras também desenvolvem cursos técnicos de ensino médio integrados ou na forma concomitante com essa etapa de ensino, ou mesmo como curso subsequente ao ensino médio. É oportuno registrar, ainda, que alguns municípios brasileiros também mantêm escolas públicas que oferecem cursos técnicos de nível médio ou outros cursos de educação profissional.

Algumas fundações e algumas escolas ou redes de escolas particulares também têm oferecido educação profissional, especialmente a partir da instituição do Pronatec pela Lei nº 12.513/11, muito incentivada pela aprovação da Lei de Conversão nº 12.816/13, que, em seu art. 20-B, define que as instituições privadas de educação superior devidamente habilitadas para tal também podem ser autorizadas a "criar e ofertar cursos técnicos de nível médio", em condições especiais, obviamente, "resguardadas as competências de supervisão e avaliação da União". Essa oferta tende a crescer a partir dos próximos anos, com a aprovação da Lei nº 13.415/17, de conversão da Medida Provisória nº 746/16. A Fundação Escola de Comércio Álvares Penteado (Fecap) é uma das pioneiras nesse campo, com história de sucesso que remonta aos idos de 1902, sete anos antes das primeiras dezenove escolas da rede federal de educação profissional implementadas por iniciativa do presidente Nilo Peçanha, em 1909.

Liceus de artes e ofícios / escolas ferroviárias

OS LICEUS DE ARTES E OFÍCIOS E SUA
INFLUÊNCIA NO DESENVOLVIMENTO DA
EDUCAÇÃO PROFISSIONAL BRASILEIRA.

Os liceus de artes e ofícios foram criados a partir de 1850, no conjunto de diversas sociedades civis que ofereciam instrução a crianças órfãs e abandonadas. Os mais importantes foram os do Rio de Janeiro, do Recife, de São Paulo e de Ouro Preto (Brasil, Parecer CNE/CEB nº 16, 1999).

O Liceu de Artes e Ofícios do Rio de Janeiro foi fundado pelo arquiteto Francisco Joaquim Bethencourt da Silva, em 23 de novembro de 1856. Inicialmente o liceu atendia especialmente os homens livres da classe operária. As mulheres só foram admitidas em 1881. Esse liceu foi a primeira escola brasileira a adotar o ensino noturno. Artesãos, operários e demais estudantes aprendiam noções de desenho geométrico, industrial, artístico e arquitetônico, além de princípios das ciências aplicadas às artes.

No início, os docentes do liceu não eram remunerados. Eram pessoas eminentes da época, assim como os beneméritos da escola que contribuíam para a manutenção do ensino. Os cursos do liceu abrangiam em torno de cinquenta profissões. As principais modalidades de cursos oferecidos eram: curso profissional livre, curso comercial e curso feminino.

Atualmente, o Liceu de Artes e Ofícios do Rio de Janeiro ministra cursos voltados para educação infantil, ensino fundamental, ensino médio (formação geral), educação de jovens e adultos e educação profissional, tais como informática, marcenaria, desenho e pintura (Liceu de Artes e Ofícios do Rio de Janeiro, s/d.).

O Liceu de Artes e Ofícios de São Paulo foi criado em 1873, por um grupo de aristocratas da elite cafeeira nacional. Seu propósito inicial era formar mão de obra especializada para uma futura possível industrialização do país. Sua orientação era baseada nos ideais positivistas, que pregavam a dignificação do homem por meio do trabalho. Rapidamente, o liceu tornou-se referência na cidade de São Paulo como escola de qualidade no ensino técnico profissionalizante e na formação geral.

Atualmente, o Liceu de Artes e Ofícios de São Paulo é uma instituição de ensino de direito privado, sem fins lucrativos. Oferece ensino técnico integrado ao ensino médio gratuito e ensino médio (formação geral) pago. Sua manutenção é financiada principalmente com recursos oriundos da empresa LAO Indústria Ltda., líder no mercado nacional de hidrômetros e medidores de gás (Liceu de Artes e Ofícios de São Paulo, s/d.).

No Recife, o Liceu de Artes e Ofícios operou entre 1880 e 1950. Foi construído entre os anos de 1871 e 1880 para funcionar como sede da Escola de Ofícios. Era mantido pela Sociedade dos Artistas Mecânicos e Liberais de Pernambuco, fundada em novembro de 1836 e inaugurada em 1841. O liceu ministrava aulas de alfabetização, desenho, música, pintura, marcenaria, arquitetura, aritmética. Possuía uma biblioteca com algumas obras raras e um museu com bom acervo. O prédio do liceu recifense é composto de dois pavimentos em estilo classicista imperial, inspirado no neoclassicismo francês. É um projeto do engenheiro pernambucano José Tibúrcio Pereira de Magalhães, autor de outros importantes edifícios recifenses, como o da Assembleia Provincial, atual Assembleia Legislativa de Pernambuco. O prédio está em bom estado de conservação e é tombado pelo estado de Pernambuco. É parte do sítio histórico da Praça da República e possui um grande valor histórico, arquitetônico e cultural, tendo contribuído muito para a formação de diversas gerações de jovens na cidade. O Liceu de Artes e Ofícios do Recife foi extinto em 1950. O edifício e o acervo estão sob responsabilidade da Universidade Católica de Pernambuco.

O Liceu de Artes e Ofícios de Ouro Preto funcionou entre 1886 e 1957. O objetivo principal era ensinar as primeiras letras e um ofício às camadas mais pobres da população. Em Minas Gerais foram criados liceus de artes e ofícios em Serro (1879), em Ouro Preto (1886) e em São João del Rei (1888). O de Ouro Preto foi o que teve maior destaque, pois a cidade era a capital de Minas Gerais no período. Entre os diretores do Liceu de Artes e Ofícios de Ouro Preto estavam artistas, mecânicos e membros das elites políticas e intelectuais locais. Os alunos eram todos homens trabalhadores braçais, que exerciam diversas funções ao longo do dia e estudavam à noite (Silva, 2009).

O papel das escolas ferroviárias no desenvolvimento da educação profissional no Brasil

As primeiras escolas-oficina destinadas à formação profissional de ferroviários foram instaladas no início do século XX. Essas escolas desempenharam papel importante na história da educação profissional brasileira. Foram os embriões da organização da educação profissional na década de 1920 (Brasil, Parecer CNE/CEB nº 16, 1999).

A economia cafeeira, com forte desenvolvimento a partir da segunda metade do século XIX, possibilitou a acumulação do capital essencial para definir um novo estágio do capitalismo no Brasil. Os grandes latifundiários financiaram a criação da rede ferroviária do estado de São Paulo, para facilitar o transporte do café até o porto de Santos, de onde era exportado para a Europa e para os Estados Unidos.

Em 1828, o governo imperial promulgou o primeiro incentivo à construção de estradas em geral. Em 1835, o Regente Feijó promulgou a Lei Imperial nº 101, com incentivo específico para ferrovias.

Em 1854, foi inaugurada a primeira ferrovia brasileira no Rio de Janeiro, hoje conhecida como Estrada de Ferro Mauá.

Em 1867, foi criada a São Paulo Railway, primeira ferrovia paulista. Ligava o porto de Santos com o planalto, para escoar a produção cafeeira do vale do Paraíba.

Em 1872, um grupo de fazendeiros fundou a Companhia Paulista de Estradas de Ferro, para construir inicialmente a linha entre Jundiaí e Campinas, e depois em direção ao interior. Em 1901, a Companhia Paulista iniciou uma escola profissionalizante para seus funcionários.

Em 1870, foi criada a Estrada de Ferro Sorocabana. Em 1890, a ferrovia Ituana foi a ela incorporada. A Sorocabana teve uma séria crise financeira no início do século XX e foi encampada pelo Governo Federal. Em 1919, foi estabelecido um plano de remodelação geral da ferrovia. Esse programa tratou da compra de máquinas e equipamentos, da ampliação de linhas, da construção de novas oficinas de manutenção e de estações. A realização mais importante foi a construção do trecho Mairinque-Santos.

A Escola de Ferroviários da Sorocabana foi criada em 1931, junto à Escola Profissional de Sorocaba. Desde o início, essa escola foi pensada para transformar o local de trabalho e o trabalhador, tornando-os mais produtivos segundo uma organização racional do espaço e das tarefas executadas. Na década seguinte, esses mesmos princípios também orientaram a criação do Senai. Roberto Mange e Gaspar Ricardo Junior foram personagens essenciais nessa escola.

Roberto Mange nasceu em 1885, na Suíça. Estudou em vários países europeus e se formou em engenharia mecânica pela Escola Politécnica de Zurique. Veio para o Brasil em 1913 e começou a lecionar na Escola Politécnica de São Paulo. Construiu sua carreira profissional no Brasil. Atuou na escola profissional mecânica do Liceu de Artes e Ofícios de São Paulo e no Serviço de Ensino e Seleção Profissional da Estrada de Ferro Sorocabana. Foi um dos fundadores do Instituto de Organização Racional do Trabalho (Idort) e do Senai.

Mange optou pelas Séries Metódicas Ocupacionais (SMO) como método pedagógico. Em sua opinião, as SMO se afinaram com os preceitos da racionalização e da organização científica do trabalho, que ele julgava essenciais para conseguir bons resultados dos cursos.

O engenheiro Gaspar Ricardo Junior começou sua carreira como ferroviário em 1913 e foi dirigente da Sorocabana em três oportunidades na sua fase áurea. Em uma de suas gestões foi criada a escola de ferroviários.

CURRÍCULOS PARA FORMAÇÃO DE FERROVIÁRIOS

As três principais propostas curriculares para o desenvolvimento dos cursos ferroviários eram fundadas em ideais racionalizantes. Uma delas consistia em um curso para aprendizes, jovens de 14 a 17 anos, cujos pais assinavam contrato de três anos com a escola. Esses jovens ainda se comprometiam a permanecer na ferrovia durante pelo menos cinco anos depois de concluir os estudos. Os estudantes recebiam uma remuneração fixa, auxílio-residência e gratificações. A escola valorizava a saúde física dos aprendizes e contava com quadras de esporte e colônia de férias. Os exames práticos eram mensais, realizados em vagões que foram criados especialmente para essa finalidade. O ensino era desenvolvido a partir de exercícios racionais e progressivos. Os alunos estudavam as disciplinas de aritmética, desenho, física e mecânica, geografia, geometria, higiene, história, moral e tecnologia. Esse currículo sugere uma preocupação mais ampla com o desenvolvimento do trabalhador, que ultrapassava a preparação imediatista para o desempenho das tarefas profissionais.

O currículo da escola para ferroviários da Companhia Paulista de Estradas de Ferro, elaborado com auxílio de Roberto Mange, apresenta detalhamento das atividades e disciplinas propostas. O curso era de quatro anos e incluía disciplinas práticas e teóricas. Começava com um curso para mecânicos, subdividido entre os ofícios de mecânico-ajustador, serralheiro e montador. A seguir, incluía especializações para os ofícios de caldeireiros, eletrotécnicos, fundidores, modeladores-mecânicos e torneiros. Os estudantes eram maiores de 14 anos e prestavam exames de admissão em disciplinas da educação básica, além de exames psicotécnicos. Nesse currículo havia maior ênfase em atividades práticas e na relação estreita entre o ensino teórico e as atividades nas oficinas. As atividades de aprendizagem deveriam sempre atender ao princípio dos trabalhos metódicos e progressivos. É perceptível nesse currículo que houve adoção integral dos ideais defendidos por Mange e por outros adeptos da racionalização no trabalho. Os alunos precisavam comprovar saberes básicos sobre matérias escolares para a matrícula, mas o curso era baseado em matérias técnicas. Assim, nota-se que esse currículo era menos abrangente e mais direcionado do que o que analisamos anteriormente.

Por último, houve o currículo da Escola de Ferroviários da Sorocabana. Os requisitos para matrícula eram os mesmos da Companhia Paulista. O ensino teórico ocorria na Escola Profissional de Sorocaba, e as aulas práticas aconteciam nas oficinas instaladas na Estrada de Ferro Sorocabana. Os aprendizes também eram remunerados. Havia especializações para ajustadores, caldeireiros-ferreiros, eletricistas e torneiros-fresadores. O ensino era baseado nas séries metódicas e incluía estágio no ambiente normal de trabalho da Sorocabana. Havia ênfase na ligação estreita entre as aulas teóricas e os trabalhos práticos. Quando necessário, os cursos e os currículos deveriam ser alterados para atender às demandas da empresa.

Os currículos das escolas ferroviárias da Companhia Paulista e da Sorocabana apresentavam diferenças relevantes, embora o segundo muitas vezes tenha copiado algumas propostas do primeiro. Por exemplo, a Escola de Ferroviários da Sorocabana oferecia aulas de português em todos os anos. Essas aulas incluíam temas de geografia, educação cívica e história. Além disso, havia exercícios físicos e aulas específicas sobre higiene e acidentes, orçamentos e organização ferroviária. Isso indica uma preocupação com formação mais ampla e menos pragmática, similar ao do primeiro modelo aqui analisado. O principal diferencial do currículo da escola de ferroviários da Companhia Sorocabana, em relação à Companhia Paulista, relacionava-se às aulas técnicas. Desde o primeiro ano os estudantes frequentavam a oficina geral, além das oficinas de aprendizagem. Eles trabalhavam na oficina geral como ajudantes, realizando tarefas correspondentes ao seu desenvolvimento. A partir do terceiro ano, eles faziam estágios em diferentes funções. No quarto ano, cada especialização tinha um plano de aulas diferenciado. Cada exercício era detalhadamente descrito. A progressão gradual era uma constante em todas as atividades propostas (Zucchi, 2005).

A análise desses currículos das escolas ferroviárias indica diferentes modos de pensar ou aplicar os ideais racionalizantes na educação profissional. Essas opções influenciaram ou fundamentaram as práticas educativas futuras, seja pela adesão aos mesmos fundamentos e processos, seja pela realização de propostas divergentes, com ou sem bons resultados.

Serviços nacionais de aprendizagem

O PAPEL DAS REDES DE EDUCAÇÃO PROFISSIONAL DOS SERVIÇOS NACIONAIS DE APRENDIZAGEM NO DESENVOLVIMENTO DA EDUCAÇÃO PROFISSIONAL NO BRASIL.

As primeiras Leis Orgânicas do Ensino Profissional foram aprovadas como etapa conclusiva da Reforma Capanema, executada com fundamento na Constituição da República dos Estados Unidos do Brasil, outorgada pelo governo Getúlio Vargas em 1937. Nesse período, foram regulamentados diversos decretos, denominados Leis Orgânicas da Educação Nacional. Destacamos apenas os mais diretamente relacionados ao tema deste capítulo.

- **1942.** Leis Orgânicas do Ensino Secundário (Decreto-Lei nº 4.244/42) e do Ensino Industrial (Decreto-Lei nº 4.073/42);
- **1943.** Lei Orgânica do Ensino Comercial (Decreto-Lei nº 6.141/43);
- **1946.** Leis Orgânicas do Ensino Primário (Decreto-Lei nº 8.529/46), do Ensino Normal (Decreto-Lei nº 8.530/46) e do Ensino Agrícola (Decreto-Lei nº 9.613/46).

A experiência das escolas ferroviárias foi aproveitada plenamente para a definição de providências legais que orientaram um novo marco legal para a educação profissional. O patrocínio das empresas contratantes e a metodologia didática dos programas para jovens aprendizes foram as referências mais importantes, sem desconsiderar a participação de Roberto Mange nos dois casos.

Senai e Senac

A demanda de alguns líderes patronais das indústrias levou o governo Vargas a criar o Serviço Nacional de Aprendizagem Industrial (Senai), em 22 de janeiro de 1942, pelo Decreto-Lei nº 4.048. Em 16 de julho desse ano, o Decreto-Lei nº 4.481 estabeleceu o conceito de menor aprendiz para os efeitos da legislação trabalhista, com a obrigatoriedade de contratação de aprendizes pelas indústrias.

Quatro anos depois, o Serviço Nacional de Aprendizagem Comercial (Senac) foi criado em 10 de janeiro de 1946, pelo Decreto-Lei nº 8.621. No mesmo dia, o Decreto-Lei nº 8.622 definiu as obrigações das empresas do setor terciário em relação aos aprendizes.

A receita dessas duas instituições foi definida a partir da exigibilidade de contribuição compulsória sobre a folha de pagamento das empresas de seus segmentos. A gestão dessas instituições dedicadas à educação profissional foi delegada nos atos de criação às respectivas confederações e federações patronais dos diferentes segmentos econômicos envolvidos, atendendo à orientação do art. 129 da Constituição dos Estados Unidos do Brasil, outorgada pelo governo Getúlio Vargas em 10 de novembro de 1937.

Com a promulgação das chamadas Leis Orgânicas, a transformação das antigas escolas de aprendizes artífices em escolas técnicas federais e a criação do Senai e do Senac, o ensino profissional começou a se consolidar no Brasil.

Senai e Senac são organizações de educação profissional de âmbito nacional, criadas com a definição do marco legal para a aprendizagem profissional na década de 1940, incorporando as expressões "serviços" e "aprendizagem" em seu nome de batismo. Ainda hoje, Senai e Senac são as organizações educacionais que oferecem maior volume de vagas nos cursos de educação profissional destinados a aprendizes. Ambas são caracterizadas como de direito privado, embora estejam obrigadas a cumprir diversas exigências especiais, em função da origem principal de seus recursos financeiros, decorrentes de contribuições compulsórias arrecadadas junto aos recolhimentos previdenciários. Essa caracterização institucional como "entidades privadas" e "vinculadas ao sistema sindical" nacional bem como sua forma de administração foram acolhidas pelo art. 240 da Constituição Federal de 1988. Em decorrência, a Lei nº 12.513/11 e a redação dada pela Lei nº 12.816/13 caracterizam-nas, no Sistema Federal de Ensino, "na condição de mantenedores", com autonomia para atuar no âmbito da educação profissional, "observada a competência de regulação, supervisão e avaliação da União, de acordo com a atual LDB" (art. 20).

Atualmente, tanto o Senai como o Senac ampliaram muito seu escopo de atuação em todos os segmentos de educação profissional, que vão desde a formação inicial de trabalhadores, passando pela educação profissional técnica de nível médio, por cursos de graduação em todas as modalidades de ensino e por cursos e programas de educação continuada, incluindo a pós-graduação.

Organizações de educação profissional criadas a partir da década de 1970

A partir dos anos 1970 foram criadas outras organizações de educação profissional nos moldes do Senai e do Senac, que também foram incumbidas de oferecer aprendizagem aos respectivos segmentos econômicos: o Serviço Nacional de Aprendizagem Rural (Senar), o Serviço Nacional de Aprendizagem em Transportes (Senat) e o Serviço Nacional de Aprendizagem do Cooperativismo (Sescoop). O Serviço Brasileiro de Apoio às Micro e Pequenas Empresas (Sebrae) também foi criado, com foco diferenciado na capacitação para diversos setores de negócio.

SENAR

O Senar teve dois momentos históricos. O primeiro período do Senar foi na condição de órgão público federal autônomo vinculado ao Ministério do Trabalho. O Decreto nº 77.354, de 31 de março de 1976, criou o então denominado Serviço Nacional de Formação Profissional Rural (Senar). Nessa etapa, o antigo Senar teve atuação muito limitada e manteve-se praticamente estagnado por mais de uma década.

O segundo período começou em 1998. O art. 62 do Ato das Disposições Transitórias da atual Constituição Federal definiu explicitamente que o Serviço Nacional de Aprendizagem Rural (Senar) seria criado nos moldes da legislação relativa ao Serviço Nacional de Aprendizagem Industrial (Senai) e ao Serviço Nacional de Aprendizagem do Comércio (Senac).

A criação efetiva do atual Serviço Nacional de Aprendizagem Rural ocorreu por meio da Lei nº 8.315/91. Em modo similar ao Senai e ao Senac, o Senar é uma instituição paraestatal de direito privado, mantida com recursos provenientes da contribuição compulsória sobre a comercialização de produtos agropecuários. Vincula-se à Confederação Nacional da Agricultura e Pecuária do Brasil (CNA). Sua gestão é feita por um conselho deliberativo, de composição tripartite e paritária, composto por representantes do governo, da classe patronal rural e da classe trabalhadora, com igual número de conselheiros.

Existem duas diferenças básicas entre o Senar e seus congêneres Senai e Senac. A primeira é que a fonte de receitas do Senar é baseada no faturamento, enquanto no caso do Senai e do Senac é baseada na folha de salários dos trabalhadores do respectivo segmento econômico. A segunda diferença é que o Senar incorpora nas suas finalidades os objetivos equivalentes, respectivamente, aos do Serviço Social da Indústria (Sesi) e do Serviço Social do Comércio (Sesc). Assim, o foco do Senar integra ações educacionais destinadas à formação profissional rural e à promoção social voltadas para o "homem rural", orientadas para sua profissionalização, integração na sociedade, melhoria da qualidade de vida e pleno exercício da cidadania.

SENAT

O Serviço Nacional de Aprendizagem do Transporte (Senat) foi criado em 14 de setembro de 1993, com o Serviço Social do Transporte (Sest), pela Lei nº 8.706. A gestão é coordenada pela Confederação Nacional do Transporte (CNT). A receita do Sest e do Senat utiliza os mesmos critérios aplicados para o Senai e para o Senac. Aliás, a criação dessas duas entidades foi uma decorrência indireta e retardada do desmembramento da Confederação Nacional do Transporte em 1954, a partir da Confederação Nacional da Indústria. Até 1993 os trabalhadores das empresas de transporte eram atendidos pelo Senai e pelo Sesi.

A apresentação institucional esclarece que Sest e Senat são entidades civis, de direito privado e sem fins lucrativos. Na prática, Sest e Senat operam de modo muito integrado, com pouca distinção entre as atividades de educação profissional e de promoção social. Essas entidades oferecem cursos e serviços especializados, objetivando propiciar maior capacitação e acesso ao mercado de trabalho, visando ao sucesso profissional dos trabalhadores. A assistência ao trabalhador prioriza a prevenção de doenças, a promoção e a preservação das condições saudáveis e o bem-estar físico e mental dos indivíduos.

As unidades operacionais do Sest e do Senat estão presentes em todos os estados brasileiros, nos grandes centros urbanos e em postos de abastecimento das principais rodovias do país.

SESCOOP

O Serviço Nacional de Aprendizagem do Cooperativismo (Sescoop) é o mais recente entre seus congêneres. Foi criado pela Medida Provisória nº 1.715, de 3 de setembro de 1998, em molde bastante assemelhado ao do Senar.

O Sescoop integra o Sistema Cooperativista Nacional e assume como missão "promover a cultura cooperativista e o aperfeiçoamento da gestão para o desenvolvimento das cooperativas brasileiras". Sua gestão é coordenada pela Organização das Cooperativas

Brasileiras (OCB), órgão máximo de representação das cooperativas no país.

Assim como o Senar e o conjunto Sest-Senat, o Sescoop atua com educação profissional e promoção social de modo muito integrado. Aliás, essa é também uma tendência comum a outras organizações. Alguns departamentos regionais do Sesi e Senai ou do Sesc e Senac já são comandados por um mesmo diretor executivo, e a presidência dos Conselhos Nacionais ou de Conselhos Regionais já é exercida por um mesmo dirigente de confederação ou federação patronal, na maioria dos casos.

SEBRAE

O Serviço Brasileiro de Apoio às Micro e Pequenas Empresas (Sebrae) define-se como entidade privada sem fins lucrativos. É um agente de capacitação e de promoção do desenvolvimento, criado para dar apoio aos pequenos negócios de todo o país. Desde 1972, trabalha para estimular o empreendedorismo e possibilitar a competitividade e a sustentabilidade dos empreendimentos de micro e pequeno porte.

Até 1990, o atual Sebrae esteve diretamente vinculado à administração federal e teve vários nomes e siglas. A partir de 1990, "o Sebrae desvinculou-se da administração pública e transformou-se em uma instituição privada, sem fins lucrativos, mantida por repasses das maiores empresas do país, proporcionais ao valor de suas folhas de pagamento", assumindo uma configuração que ainda persiste (Sebrae, s/d.).

O Sebrae atua em todo o território nacional, com foco no estímulo ao empreendedorismo e no desenvolvimento sustentável dos pequenos negócios. Além da sede nacional, em Brasília, a instituição conta com pontos de atendimento nas 27 unidades da Federação. Suas atividades mesclam principalmente consultoria de negócios, educação empreendedora e orientação para acesso aos serviços financeiros.

O Sebrae não é propriamente uma organização de educação profissional no sentido estrito da expressão, mas sua metodologia e seus fins os incluem de alguma forma nesse segmento. Isso explica sua inserção neste capítulo.

O CHAMADO SISTEMA S

O conceito do chamado Sistema S foi estabelecido para tratar o conjunto peculiar de organizações brasileiras de direito privado e atuação pública que têm a letra "S" no início de seus nomes, recebem recursos de natureza parafiscal, são gerenciadas como instituições privadas e são mantenedoras de instituições educacionais ou culturais, pelos órgãos patronais ou em gestão tripartite – representantes do governo, dos empregadores e dos trabalhadores. Na realidade, o chamado Sistema S não é propriamente um Sistema, em seu sentido estrito, mas apenas em sentido lato. Atualmente são nove organizações incluídas nesse conjunto: Sebrae, Senac, Senai, Senar, Sesc, Sescoop, Sesi, Senat e Sest.

Em diversas ocasiões da história recente houve embates para incorporar os recursos arrecadados compulsoriamente para essas organizações do Sistema S ao orçamento federal. Sempre houve e constantemente há negociações e concessões para manter a situação ainda vigente, uma vez que outros países têm se inspirado em suas organizações, especialmente por conta dos resultados alcançados, como instituições de excelência nas respectivas áreas de atuação. As restrições orçamentárias da União, que se agravaram nos últimos anos, entretanto, tornam a ameaça sempre presente, embora o senso comum sempre alerte para a dificuldade em se alterar time que está ganhando e demonstrando inegável competência. Essas instituições, além de serem consideradas como referência nacional e até mesmo internacional em seus campos de atuação, politicamente ainda estão muito fortalecidas, também porque foram acolhidas pelo art. 240 da Constituição Federal.

Sindicatos de trabalhadores e educação profissional

O PAPEL DOS SINDICATOS
DE TRABALHADORES NO
DESENVOLVIMENTO DA EDUCAÇÃO
PROFISSIONAL NO BRASIL.

As corporações de ofício foram organizações precursoras dos sindicatos, com foco orientado para a educação profissional.

No Brasil, os sindicatos se organizaram prioritariamente para a defesa dos interesses trabalhistas dos profissionais, na luta pelas condições de trabalho, por salários minimamente dignos e por garantias referentes a direitos sociais mais amplos.

A educação profissional sempre esteve mais associada aos interesses patronais ou oligárquicos, como compensação "purgativa" por meio de ações filantrópicas ou para garantir um padrão mínimo de desempenho produtivo dos empregados. Nesse enfoque, mesmo os escravos precisavam ser treinados de alguma forma, especialmente para as funções que demandavam algum conhecimento ou habilidades motoras um pouco mais complexas. A didática vigente associava castigo e recompensa como estímulos à eficácia da aprendizagem, tanto na formação profissional quanto na escola regular. Nesta última, a palmatória ainda era um instrumento auxiliar da avaliação e era muito utilizada no âmbito da cultura da repetência.

Alguns estudiosos da história do Senai, por exemplo, assinalam que não houve a suposta unanimidade de aceitação de sua criação nas décadas de 1940 e 1950. A maioria dos empresários, composta por donos de pequenas e médias indústrias, não via a nova instituição como de interesse comum a todos. Esses empresários consideravam que a formação de trabalhadores mais bem capacitados só interessava à elite da indústria. Roberto Simonsen, Morvan Dias Figueiredo, Euvaldo Lodi e Roberto Mange tiveram de realizar um grande trabalho de convencimento e verdadeira catequese desses industriais arredios. A resistência inicial dos operários foi ainda maior. O modelo de racionalização do trabalho embutido por Mange na proposta didática do Senai ameaçava a autoridade e o poder de mestres e contramestres, bem como a influência fisiológica dos sindicatos "pelegos". As associações de operários e os sindicatos incipientes viam na proposta educativa da formação profissional um esforço patronal para ampliar o controle social das empresas sobre os trabalhadores. Isso se explica especialmente porque as instituições inicialmente criadas, Senai/Sesi e Senac/Sesc, sempre estiveram bastante vinculadas às conferências das chamadas "classes produtoras". Dessas, a Carta da Paz Social, assinada em Teresópolis em maio de 1945, foi a de maior repercussão, por ter influenciado diretamente na criação do Sesc e do Senac. A resistência dos operários diminuiu com o passar do tempo, entre outras razões, porque também passou a ser crescente a participação competente de ex-alunos dessas instituições nos movimentos sindicais. Lula é um dos exemplos mais conhecidos desse movimento de sindicalização com participação de ex-alunos do Senai. Em alguns períodos e contextos, chegou a ser hegemônico um discurso favorável à organização racional do trabalho como base para obter crescimento econômico, aumento da produtividade e bem-estar social, em termos de geração de um clima de calma e harmonia, em virtude das boas relações trabalhistas, bem como de ausência de agitação e perturbação da ordem estabelecida. Até as organizações operárias mais críticas acabaram aderindo a esse discurso ou o aceitaram como válido (Müller, 2009).

O Departamento Intersindical de Estatística e Estudos Socioeconômicos (Dieese) foi criado em 1955, em rara convergência da maioria absoluta das organizações sindicais brasileiras. O nome "departamento", utilizado na denominação do Dieese desde o seu início, remetia à ideia de um setor embrionário de uma futura universidade dos trabalhadores. Desde 1955 o Dieese tem se caracterizado como uma instituição produtora de conhecimento, desenvolvendo estudos, pesquisas, assessoria e formação profissional dos sindicalistas. Seus objetivos centrais tratam de conhecer a realidade dos trabalhadores e possibilitar-lhes acesso a informações confiáveis, que possam apoiar ações para transformar essa realidade.

Quando o Dieese completou 50 anos, sua diretoria solicitou assessoria à Peabiru Educacional para a elaboração do projeto da atual Escola Dieese de Ciências do Trabalho, criada em 2011, assumindo como principal objetivo enfatizar a centralidade do trabalho nas relações sociais, produzindo conhecimento sobre o trabalho e construindo identidades sociais na perspectiva dos trabalhadores.

Essa escola viabilizou a realização de parte do sonho dos fundadores, com a criação de um curso de bacharelado interdisciplinar em ciências do trabalho, aprovado em regime de experiência pedagógica, nos termos do art. 81 da LDB. Esse curso pioneiro tem proposta acadêmica altamente inovadora, com matriz curricular interdisciplinar sobre "Trabalho e sociedade", voltada para a produção de conhecimento sobre o trabalho, sob a perspectiva da classe trabalhadora, contribuindo, assim, para o avanço do estudo e da produção de conhecimento interdisciplinar na área das ciências do trabalho. Atualmente os dirigentes da Escola Dieese de Ciências do Trabalho estão estudando e debatendo em seu Conselho Técnico e Científico, além do desenvolvimento do curso de graduação em ciências do trabalho, em regime de recredenciamento da Escola Dieese por parte do MEC, também a implementação de cursos de pós-graduação em economia e trabalho, e o desenvolvimento de um Projeto Especial, envolvendo propostas e possibilidades de cooperação, para oferecer o mestrado profissional em ciências do trabalho.

Educação corporativa

EDUCAÇÃO CORPORATIVA NO
BRASIL: DO TREINAMENTO &
DESENVOLVIMENTO (T&D) AO
CONTEXTO ATUAL DE MAIOR
VALORIZAÇÃO DAS PESSOAS BEM
QUALIFICADAS NAS ORGANIZAÇÕES.

"Educação corporativa" (EC) e "universidade corporativa" (UC) são expressões praticamente equivalentes em seu uso aqui no Brasil. O conceito foi utilizado inicialmente nos Estados Unidos da América, onde é mais comum a expressão "*corporate university*". No Brasil, "*corporate university*" normalmente é traduzido como "educação corporativa", embora seja utilizada, também, a expressão "universidade corporativa". Neste livro, optamos por "educação corporativa".

Os atuais centros de educação corporativa ou similares evoluíram dos setores ou departamentos de treinamento e desenvolvimento, principalmente a partir do último quartil do século passado. Em alguns casos, a evolução foi mera mudança de rótulo. Quando o nome corresponde ao conceito mais moderno, espera-se que a unidade de educação corporativa seja mais diretamente articulada ao planejamento estratégico da organização em que se insere. A educação corporativa precisa ser congruente com a missão, a visão e os valores organizacionais.

Na prática, todas as empresas têm alguma atividade de treinamento ou desenvolvimento de seus trabalhadores. Desde as fazendas com escravos da época colonial, ou mesmo do Brasil Império, até os dias atuais, sempre foi necessário que os trabalhadores aprendessem a realizar suas atividades de acordo com práticas adequadas para a produção ou requeridas pelos respectivos empregadores. As oficinas artesanais já contavam com algum método mais estruturado para treinamento e desenvolvimento dos profissionais, com hierarquia bem definida para a carreira sequencial de aprendiz, oficial e mestre.

As escolas ferroviárias se tornaram o símbolo e o exemplo inicial mais importante de educação corporativa no Brasil. Ao mesmo tempo, essas escolas profissionalizantes foram pioneiras na aplicação da modalidade "aprendizagem" em programas de educação profissional com base em séries metódicas.

Na educação profissional promovida pelo Senai e pelo Senac em seus primórdios, a figura da Aprendizagem Metódica no Próprio Emprego (Ampe) tornou-se exemplo relevante de educação corporativa, ainda na época em que o conceito de treinamento e desenvolvimento era mais utilizado.

Após a criação do Senai e do Senac na década de 1940, com a definição de programas de aprendizagem para as ocupações que exigiam qualificação, houve maior impulso efetivo para a realização de atividades de treinamento e desenvolvimento no Brasil, por parte das empresas aqui instaladas. Isso ocorreu com a promulgação da Lei nº 6.297/75. Essa lei concedia dedução do imposto de renda do dobro das despesas realizadas com projetos destinados à formação profissional de trabalhadores no âmbito das empresas. Objetivando dar concretude aos dispositivos dessa Lei, o Decreto nº 77.362/76 instituiu "o Sistema Nacional de Formação de Mão de Obra (SNFMO) como organismo coordenador e supervisor das atividades da formação profissional no país", no âmbito do Ministério do Trabalho. Assim, a partir de 1976 houve significativo incremento de centros ou setores de treinamento e desenvolvimento nas empresas, especialmente naquelas de médio e grande porte. A Associação Brasileira de Treinamento e Desenvolvimento (ABTD), que foi criada em 1971, realizou com grande sucesso o seu primeiro Congresso Brasileiro de Treinamento e Desenvolvimento, em 1976. Em 1980, a ABTD promoveu um Congresso Mundial, em parceria com a *International Federation of Training and Development Organisations* (IFTDO), em grande parte estimulada por aquela lei de incentivos fiscais à formação profissional nas empresas.

Num primeiro momento, os incentivos fiscais da Lei 6.297/75 aumentaram as ações de T&D nas empresas. Entretanto, como muitos projetos foram mais focados na busca dos incentivos fiscais do que na sustentabilidade e no retorno organizacional das ações de educação corporativa, a primeira crise econômica teve impactos muito importantes na redução de tais atividades. O retorno tem sido mais lento e já mais orientado para perspectivas estratégicas de desenvolvimento das empresas.

Os programas de treinamento desenvolvidos nas empresas têm sido mais reativos a demandas pontuais do que um conjunto mais articulado de ações de educação corporativa. Efetivamente, a educação corporativa é mais do que isso e configura evolução, partindo de uma abordagem orientada ao treinamento e desenvolvimento para uma outra, centrada no desenvolvimento de talentos. A abordagem preferencial da educação corporativa orienta a aprendizagem para atingir metas estratégicas e melhorar o desempenho empresarial. O foco na aprendizagem contextualizada faz a grande diferença conceitual na educação corporativa.

As empresas que mais investem em educação corporativa buscam integrar gestão do conhecimento e gestão por competências, com vistas ao desenvolvimento das competências organizacionais críticas. Buscam analisar as tendências que permitam incorporar práticas organizacionais que levem as pessoas a trabalhar cada vez mais, melhor e mais rápido. Apenas as empresas que se adaptam rapidamente conseguem sobreviver e crescer no atual ambiente de mudanças aceleradas. Essas organizações são também definidas como organizações que aprendem. Para que isso aconteça, é necessário que as pessoas que compõem essas empresas também aprendam como um coletivo sinérgico e orientado por uma estratégia coerente que as conduza à consequente aprendizagem. Assim, essas pessoas, ao aprender, também aprendem como aprender, dando continuidade ao aprendizado ao longo de suas vidas e da história da organização empresarial.

Nos últimos anos, as ações de treinamento, desenvolvimento e educação corporativa novamente ganharam maior consistência e relevância em relação a outras práticas de gestão de pessoas. Gestão do conhecimento é uma das tendências mais importantes de organizações para as quais inovação e competitividade são fundamentais para sua sobrevivência e para seu crescimento. A educação corporativa passa a ser essencial para essas organizações, pois são as pessoas que possibilitam a gestão do conhecimento organizacional. Com atividades bem pensadas na educação corporativa, passa a ser mais viável orientar os processos que governam a criação, a disseminação e o uso do conhecimento para melhor atingir os objetivos da organização (Moraes, 2012).

Em educação corporativa, é altamente recomendável que as comunidades de prática sejam apoiadas e estimuladas. Essas comunidades de prática não podem ser organizadas por decreto, porque sua natureza requer que sejam espontâneas, tanto quanto possível. Quando formalizadas, passam a ser grupos de trabalho, equipes de projeto, unidades de pesquisa e desenvolvimento ou qualquer outra configuração. Comunidades de prática eficazes são mais comuns onde e quando há um clima organizacional em que a lealdade à empresa é mais forte do que autorizações e proibições formais. Uma educação corporativa que valoriza a aprendizagem individual e estimula trocas de informações e experiências é um dos principais elementos organizacionais que propiciam clima organizacional dessa natureza (Moraes, 2012).

A educação corporativa é uma das ações empresariais na área de gestão de pessoas que mais se assemelham às atividades mais valorizadas de uma escola de excelência. As empresas que mantêm programas ou unidades de educação corporativa atuam como excelentes empresas-escola, mesmo que não nomeiem oficialmente seus projetos como universidades corporativas. Quando essa educação corporativa inclui cursos técnicos de nível médio ou cursos superiores, e estes são adequadamente planejados, realizados e avaliados, equiparam-se aos melhores hospitais-escola de excelência que temos espalhados por esse Brasil afora ou aos hotéis-escola como os que o Senac mantém em São Paulo, nos municípios de Águas de São Pedro e Campos do Jordão; em Minas Gerais, no município de Barbacena; e em Vitória do Espírito Santo (Moraes, 2012).

Evolução dos conceitos

Da formação de mão de obra
à educação profissional
comprometida com o
desenvolvimento de
competências profissionais para a
laborabilidade.

Como já analisamos em capítulos anteriores, o conceito de educação profissional evoluiu, aos trancos e barrancos, a partir da ideia básica de treinamento operacional para a mão de obra escrava e para os pobres e desvalidos da sorte, que não tinham acesso à escolaridade formal, mais voltada para aqueles que aspiravam a uma educação superior, mais adequada às elites condutoras da nação. Em uma perspectiva assistencial e filantrópica, a formação de mão de obra operacional é atividade mais apropriada para tirar os menores da rua e das garras dos traficantes de drogas, diminuir a vadiagem ou auxiliar aqueles que necessitam precocemente vender sua mão de obra no mercado de trabalho, por uma questão de sobrevivência. Esse tem sido o discurso político mais frequente em toda a história da República no Brasil.

A realidade nacional agora é outra. Embora ainda existam ranços da história de dualidade entre o campo da educação geral e o campo da educação profissional, atualmente o conceito assistencialista associado à educação profissional está sendo cada vez mais superado. Nos dias atuais, a educação profissional é vista muito mais corretamente inserida na agenda do desenvolvimento socioeconômico e nos "objetivos da educação nacional", integrada "aos diferentes níveis e modalidades de educação e às dimensões do trabalho, da ciência e da tecnologia" (LDB, art. 39), muito mais como direito público subjetivo do que na agenda policial e assistencial.

Em alguns momentos da história recente, já aconteceram até alguns exageros, com atribuição de expectativas inviáveis para ações de educação profissional desvinculadas de outras providências em relação à infraestrutura produtiva. A mera criação de cursos técnicos ou de universidades não gera mais empregos além das vagas nas escolas, mas alguns planos de desenvolvimento socioeconômico e muitos discursos eleitoreiros em diversas instâncias pressupunham que essa mágica seria possível. O fato de maior relevância é que a agenda moderna das políticas públicas já inclui adequadamente a educação em geral e a educação profissional, em particular, como elemento substancial das propostas de desenvolvimento socioeconômico. Isso indica que houve uma evolução real muito positiva do conceito de educação profissional neste último século de nossa história, embora ainda existam aspectos relevantes a serem superados.

Do ensino acadêmico descontextualizado ao desenvolvimento de competências profissionais assumidas como compromisso ético do ato educativo

Na educação formal, um dos caminhos para tentar "valorizar" a educação profissional foi copiar equívocos academicistas, adotando uma didática que priorizava a menor relevância e a subordinação da **prática à teoria** descontextualizada da vida real. Assim, especialmente na chamada parte diversificada dos currículos impostos a toda a educação secundária, a pretexto da universalização da educação profissional na malfadada reforma de 1971, os cursos técnicos foram recheados com um enorme volume de aulas discursivas como suposta preparação para uma prática que posteriormente deveria decorrer dessa teoria desconexa e sem sentido para os jovens e trabalhadores. O pior de tudo isso é que a maioria dos discursos sobre os conteúdos das atividades profissionais sequer poderia ser apropriadamente chamada de teoria. O ensino acadêmico estava muitas vezes centrado em mais e mais discursos vazios sobre fatos, datas ou definições, marca muito forte do academicismo mal transportado para a nova educação básica dessa nova escola secundária supostamente unitária.

Se na educação geral esse par **teoria-prática** já é inadequado para aprender a realidade, que é íntegra e dialética, na educação profissional esse falso par ainda se tornou mais negativo. O motivo principal desse distanciamento entre teoria e prática pode ser explicado no fato de que muitas das respostas da chamada educação geral à sociedade só se apresentam em futuro mais distante daquele momento das aulas (e das provas desconectadas da realidade da vida cotidiana!), enquanto que na educação profissional técnica o desempenho esperado exige muitas respostas logo após a conclusão do curso ou já nos estágios e nas atividades de oficinas ou laboratórios.

A superação da dicotomia entre o mundo da educação e o mundo do trabalho não tem sido fácil no campo da educação profissional. Isso está caracterizado em nossa Constituição como "Direito à profissionalização" (art. 227). Essa dificuldade existe, especialmente, por conta do preconceito herdado por muitos de nossos melhores intelectuais e educadores em relação ao saber presente na ação do trabalhador braçal, como se o trabalho manual fosse desprovido de inteligência. Essa visão do mundo do trabalho tem dificultado muito o real entendimento das exigências desse âmbito em relação à formação ou qualificação do cidadão para o trabalho, conforme determina nossa Constituição Federal (art. 205 e art. 214) e a atual LDB (art. 2º). Para superar essa dicotomia é essencial compreender que a evolução tecnológica e as lutas sociais modificaram sensivelmente as atuais relações no mundo do trabalho. Devido a essas tensões, já não se admite mais a formação de trabalhadores apenas para o desempenho de tarefas rotineiras e mecânicas nos diferentes postos de trabalho.

Assim a Organização Internacional do Trabalho (OIT), de longa data, tem insistido que a educação profissional não deve mais se orientar para o preparo dos trabalhadores para a ocupação de postos específicos de trabalho, mas sim orientar-se para a formação ao longo da vida. Nessa perspectiva, a Conferência Geral da OIT, em 17 de junho de 2004, aprovou a Resolução OIT nº 195, incitando governos, empregadores e trabalhadores a renovarem o seu compromisso a favor da aprendizagem ao longo da vida. Para os fins dessa Resolução, que tive a honra de debater exaustivamente e participar, inclusive, de seu processo de votação, ficou definido que a expressão "educação e formação ao longo da vida" engloba todas as atividades de aprendizagem efetuadas ao longo da vida para valorizar competências e qualificações. Para tanto, a OIT entende que o termo "competências" abrange os conhecimentos, as aptidões profissionais e o saber fazer adquiridos e aplicados num contexto específico. Da mesma forma, entende que o termo "qualificações" significa uma expressão formal das aptidões profissionais de um trabalhador, reconhecidas nos níveis internacional, nacional ou setorial, assim como o termo "empregabilidade" refere-se às competências e qualificações transferíveis que reforcem a capacidade do indivíduo para tirar partido das oportunidades de educação e formação, de modo a assegurar e manter um trabalho digno, a progredir na empresa e na mudança de emprego e a adaptar-se às novas tecnologias e condições do mercado de trabalho (OIT, 2005).

A atual realidade do mundo do trabalho decorre principalmente da substituição da base eletromecânica pela base microeletrônica (Brasil, Parecer CNE/CEB nº 11, 2012). Sua consolidação passou a exigir dos trabalhadores o desenvolvimento de novos saberes, os quais se fazem necessários para oferecer respostas mais originais e criativas a desafios cada vez mais complexos, que incluem o desenvolvimento de múltiplas competências profissionais. Essas competências envolvem a realização de contínuas análises e sínteses, para estabelecer relações entre o ato de ver e sentir a realidade com perspicácia e o ato de julgar e avaliar situações-problema para tomar decisões, criar soluções inovadoras, observar e interpretar dados e situações. O compromisso ético dos educadores para com o desenvolvimento dessas competências profissionais de seus educandos exige, também, o esforço para obter respostas rápidas a novos desafios profissionais e pessoais, desenvolver comunicação clara e precisa, interpretar e utilizar diferentes formas de linguagem e comunicação, trabalhar em equipe, encontrar novas formas de ação cooperativa, gerenciar processos para atingir metas, corrigir fazeres e trabalhar com prioridades. Para tanto, os educadores engajados em projetos de educação profissional precisam compreender que os trabalhadores que atuam nesse mundo do trabalho cada vez mais competitivo e globalizado, para permanecerem incluídos, precisam aprender a correr riscos e antecipar escolhas, lidar com diferenças significativas e monitorar desempenhos, enfrentar desafios decorrentes de mudanças frequentes, resistir a pressões e inovar, aliando o raciocínio lógico à intuição criadora, convivendo permanentemente com o incerto e o inusitado. Devem, principalmente aprender a aprender e incorporar esse processo ao longo da vida, porque essa é uma questão de sobrevivência nesse mundo do conhecimento e do trabalho cada vez mais volátil, fluido e vulnerável, até mesmo líquido (Bauman, 2001) ou gasoso (Berman, 1986), certamente muito menos sólido.

Dos asilos de órfãos e desvalidos da sorte aos complexos Institutos de Educação Profissional, Ciência e Tecnologia

Assim como houve significativa evolução nos conceitos e pressupostos didáticos da educação profissional, também houve evolução tão ou mais importante nas instituições que ofertam os correspondentes cursos e programas. Mesmo se excluirmos a assertiva óbvia de que toda educação pós-secundária é verdadeiramente uma educação profissional, precisamos admitir que o quadro das instituições formadoras hoje é muito mais amplo, diversificado e indispensável para o desenvolvimento nacional.

Nos tempos coloniais e na maior parte do período pós-colonial, do Império e da Velha República, apenas os asilos de órfãos e desvalidos da sorte, bem como as corporações de ofício, dedicavam-se a desenvolver atividades educacionais para trabalhadores, embora com preocupações muito mais de ordem assistencial ou de ajustamento linear aos postos de trabalho em disponibilidade. Eram instituições precárias, em que pese, pelo menos no caso das corporações de ofício ou das associações de profissionais ou de empresários, haver maior adequação metodológica do que em diversas das instituições modernas de ensino muito mais bem equipadas, com tecnologias e equipamentos cada vez mais atuais. A partir da primeira década do século passado, as escolas técnicas ganharam alguma institucionalização e estruturação metodológica. Os dois maiores saltos institucionais em matéria de educação profissional na primeira metade do século ocorreram nos governos de Nilo Peçanha, no início do século, e na era Getúlio Vargas, na década de 1940. A primeira LDB conseguiu a "meia vitória, mas vitória", no sentido de superar o dualismo preconceituoso da educação secundária brasileira, promovendo a plena equivalência entre todos os cursos com análogos valores formativos, para fins de continuidade em estudos superiores. Foi dado um passo importante rumo à valorização da educação profissional ou, ao menos, contra a sua desvalorização frente ao mundo acadêmico.

Os governos militares, à sua moda, também procuraram valorizar o ensino técnico e de alguma forma também viabilizaram avanços no ensino tecnológico, apesar de equívocos relevantes. Entretanto, houve alguma ampliação das escolas técnicas federais e maior consolidação de algumas redes estaduais, bem como do Senai e do Senac, que conseguiram entender com maior clareza suas missões.

A atual Constituição Federal de 1988 e a atual LDB passaram a contemplar a educação profissional com muito mais atenção, e com isso orientaram importante ampliação das redes de educação profissional, públicas e privadas, bem como de sua infraestrutura.

Hoje podemos dizer que contamos com uma Rede Federal de Educação Profissional e Tecnológica vasta e robusta, com alta capilaridade, com Institutos Federais de Educação Profissional, Ciência e Tecnologia que oferecem desde cursos de qualificação profissional, incluindo a formação inicial e continuada, até cursos de pós-graduação em segmentos de alta tecnologia, passando por cursos técnicos de nível médio e cursos superiores de tecnologia em praticamente todos os eixos tecnológicos. O mesmo ocorre com importantes redes estaduais, como a do Centro Paula Souza, em São Paulo, e em redes nacionais, como as do Senac, do Senai e dos demais integrantes do chamado Sistema S. O conjunto dessas redes, associado à ampliação importante da oferta de educação profissional para todas as modalidades em escolas técnicas privadas e em universidades públicas e privadas, tornou a oferta muito mais consistente para apoiar o desenvolvimento nacional. Ainda há muito que avançar, até porque muitas nações avançaram ainda mais, tanto em quantidade quanto em qualidade. Mas não podemos menosprezar os avanços já obtidos, que poderão alicerçar novos saltos, de ordem quantitativa e, sobretudo, qualitativa.

Inegavelmente houve avanços significativos, nesse período de quase trinta anos de vida democrática, após a Constituição Cidadã de 1988, que valorizou sobremaneira a educação profissional, situando-a na confluência dos direitos fundamentais do cidadão à educação e ao trabalho. Entretanto, existe um gargalo muito sério travando o esforço de concretização dessas conquistas, o qual ainda não foi superado. Essa dificuldade está relacionada à formação inicial e continuada de professores para essa educação profissional exigida pelo atual mundo do trabalho em sociedade globalizada. O Parecer CNE/CEB nº 11/12, de minha autoria como relator, caracterizou muito bem esse problema. Entretanto, não tive condições efetivas de encaminhá-lo adequadamente antes do término do meu último mandato na Câmara de Educação Básica do Conselho Nacional de Educação. Os parágrafos iniciais do tópico "Profissionalização e formação de professores" merecem citação direta, pois tratam da essência do tema:

> A questão central, a ser equacionada, é a de que há uma especificidade que distingue a formação de docentes para a Educação Básica, em geral, da formação de docentes para a Educação Profissional, em especial, mesmo que se considere a forma da Educação Profissional Técnica de Nível Médio integrada ao Ensino Médio. O grande diferencial entre um e outro profissional é que, essencialmente, o professor da Educação Profissional deve estar apto para preparar o cidadão em relação ao desenvolvimento de seu saber trabalhar em um contexto profissional cada vez mais complexo e exigente. Esta é uma variável de fundamental importância para distinguir a formação deste professor da Educação Profissional daquele outro da Educação Básica, de modo geral. Do professor da Educação Profissional é exigido, tanto o bom domínio dos saberes pedagógicos necessários para

conduzir jovens e adultos nas trilhas da aprendizagem e da constituição de saberes e competências profissionais, quanto o adequado domínio dos diferentes saberes disciplinares do campo específico de sua área de conhecimento, para poder fazer escolhas relevantes dos conteúdos que devem ser ensinados e aprendidos, para que os formandos tenham condições de responder, de forma original e criativa, aos desafios diários de sua vida profissional e pessoal, como cidadão trabalhador.

Além destes dois campos de saberes fundamentais, ainda se exigem do professor da Educação Profissional os saberes específicos do setor produtivo do respectivo eixo tecnológico ou área profissional na qual atua. Não se trata, portanto, de apenas garantir o domínio dos chamados conhecimentos disciplinares, os quais podem, muito bem, ser adquiridos em cursos de graduação, tanto no bacharelado quanto na tecnologia, ou até mesmo em cursos técnicos de nível médio, que podem ser considerados como pré-requisitos. Ao lado dos saberes pedagógicos, o conjunto dos conhecimentos da base científica e tecnológica da atividade profissional constitui outro dos três eixos estruturadores fundamentais da formação de docentes para a Educação Profissional, ao lado do cultivo dos saberes do trabalho, traduzidos em termos de vivência profissional e experiência de trabalho.

Na realidade, em Educação Profissional, quem ensina deve saber fazer. Quem sabe fazer e quer ensinar deve aprender a ensinar. Este é um dos maiores desafios da formação de professores para a Educação Profissional Técnica de Nível Médio. É difícil entender que haja esta educação sem contar com profissionais que estejam vinculados diretamente com o mundo do trabalho, no setor produtivo objeto do curso. Entretanto, os mesmos precisam estar adequadamente preparados para o exercício da docência, tanto em relação à sua formação inicial, quanto à formação continuada e permanente, pois o desenvolvimento dos cursos técnicos deve estar sob responsabilidade de especialistas no segmento profissional, com conhecimentos didático-pedagógicos pertinentes para orientar seus alunos nas trilhas do desenvolvimento da aprendizagem e da constituição dos saberes profissionais. (Brasil, Parecer CNE/CEB nº 11/12, pp. 55-56)

Diretrizes curriculares nacionais

MODERNIZAÇÃO DO MARCO LEGAL E EVOLUÇÃO DA VALORIZAÇÃO RELATIVA DOS ITINERÁRIOS FLEXÍVEIS ENTRE EDUCAÇÃO GERAL E EDUCAÇÃO PROFISSIONAL.

O DESAFIO DE ESCREVER DIRETRIZES CURRICULARES NACIONAIS PARA A EDUCAÇÃO PROFISSIONAL EM 1999, 2002, 2008 E 2012.

A atual LDB define apenas dois níveis para a educação escolar: educação básica e educação superior. A educação infantil é a primeira etapa da educação básica, o ensino fundamental é seu núcleo central e o ensino médio é a etapa final, de consolidação dos saberes desenvolvidos no ensino fundamental. A educação de jovens e adultos está prevista na LDB como modalidade da educação básica. Em relação à EJA, destinada aos estudantes que não tiveram acesso ou continuidade de estudos no ensino fundamental e no ensino médio na idade própria, a LDB recomenda preferência na articulação com a educação profissional, conforme dispositivo incluído em 2008. A educação profissional e a educação especial estão previstas na LDB como modalidades de educação e ensino que perpassam todos os níveis e etapas, tanto da educação básica quanto da educação superior.

A educação profissional, em especial, "no cumprimento dos objetivos da educação nacional, integra-se aos diferentes níveis e modalidades de educação e às dimensões do trabalho, da ciência e da tecnologia" (Lei nº 11.741/08, art. 39). Isso significa que a educação profissional e tecnológica deve se integrar tanto às diferentes etapas da educação básica e da educação superior quanto às suas modalidades específicas. Essa integração se dá, no caso da EJA, no nível da educação básica, nas etapas do ensino fundamental e do ensino médio. Ela se dá, também, no nível de educação superior, nas modalidades específicas dos "cursos sequenciais por campo de saber, de diferentes níveis de abrangência", bem como das atividades de extensão, abertas à sociedade. Na mesma linha da modalidade transversal da educação especial, a atual LDB (Lei nº 9.394/96) apresenta, ainda, as modalidades da educação a distância (art. 80), da educação indígena (arts. 78 e 79) e da modalidade "normal de nível médio", destinada à formação de professores para "o exercício do magistério na educação infantil e nos cinco primeiros anos do ensino fundamental" (art. 62). No âmbito da educação básica, outras duas modalidades específicas são contempladas: a da "educação básica para a população rural" ou das "escolas do campo" (art. 28) e a das "escolas quilombolas" (parágrafo único do art. 28, incluído pela Lei nº 12.960, de 27 de abril de 2014). No que concerne à educação profissional, a Lei nº 11.741/08 ainda incluiu uma espécie de modalidade de ensino denominada "educação profissional técnica de nível médio" (art. 2º), prevendo que "o ensino médio, atendida a formação geral do educando, poderá prepará-lo para o exercício de profissões técnicas" (art. 36-A). A situação fica um pouco mais complexa, se consideramos que a Lei nº 13.415/17 alterou a redação do art. 36 da LDB, determinando que:

> o currículo do ensino médio será composto pela Base Nacional Comum Curricular e por itinerários formativos, que deverão ser organizados por meio da oferta de diferentes arranjos curriculares, conforme a relevância para o contexto local e a possibilidade dos sistemas de ensino, a saber: I - linguagens e suas tecnologias; II - matemática e suas tecnologias; III - ciências da natureza e suas tecnologias; IV - ciências humanas e sociais aplicadas; V - formação técnica e profissional. (Lei nº 13.415/17, art. 36)

O quadro a seguir ilustra a atual estrutura da educação nacional com seus dois níveis de educação e ensino, com as respectivas modalidades:

Estrutura da educação nacional

	Educação básica				Educação superior
Idade	1 2 3	4 5	6 7 8 9 10 11 12 13 14	15 16 17	18 19 20 21...
	Educação infantil		Ensino fundamental	Ensino médio	Etapa / Modalidade
	Creche	Pré-escola	Anos, séries, ciclos, etc.	Itinerários formativos	Graduação / Pós-graduação / Cursos sequenciais / Extensão

Nível de escolaridade

Modalidades

- Educação de jovens adultos: Cursos e exames: ensino fundamental; Cursos e exames: ensino médio
- Educação profissional: Qualificação profissional incluindo formação inicial e continuidade; Técnico de nível médio; Tecnológico: graduação e pós-graduação
- Educação indígena, do campo, quilombola; Continuidade de estudos
- Educação a distância
- Educação especial

Observações:

- a Emenda Constitucional nº 59/09 prevê educação básica obrigatória dos 4 aos 17 anos;
- a Lei nº 11.741/08 altera dispositivos da LDB sobre educação profissional e tecnológica, em especial quanto à educação profissional técnica de nível médio;
- as Leis nº 12.513/11 e nº 12.816/13 instituem o Pronatec e alteram a vinculação dos Serviços Nacionais de Aprendizagem;
- a Lei nº 13.415/17 institui política de fomento à implementação de escolas de ensino médio em tempo integral, propondo organização curricular composta pela Base Nacional Comum e por itinerários formativos específicos por áreas de conhecimento ou formação técnica e profissional.

A modalidade da educação profissional e tecnológica tem tratamento especial na atual LDB, uma vez que concilia o atendimento a dois dos direitos fundamentais do cidadão: o direito à educação e o direito à profissionalização. Ela deve, portanto, ser considerada como uma modalidade de educação transversal à educação básica e à educação superior.

Essas definições preliminares da LDB demandaram do Conselho Nacional de Educação a regulamentação mais detalhada dos dois níveis (educação básica e educação superior) e das diferentes modalidades: educação profissional técnica de nível médio, educação superior tecnológica, educação a distância, educação especial, educação indígena, educação quilombola, educação no campo e formação de professores na modalidade normal de nível médio. No caso da educação básica, ainda houve demanda para a definição de diretrizes curriculares gerais para a educação básica e o seu aprofundamento com diretrizes específicas para a educação infantil, o ensino fundamental, o ensino médio e a educação de jovens e adultos, além do conjunto específico de diretrizes operacionais. No caso da educação superior, além da demanda por definições sobre os cursos de graduação tecnológica, houve demanda para a definição de diretrizes específicas para a formação de professores da educação básica (licenciaturas), para a pós-graduação e para uma diversidade de cursos de bacharelado. Neste capítulo, a ênfase é dada especialmente para a educação profissional e, nesse particular, ainda estamos devendo uma definição mais clara de diretrizes curriculares nacionais para a formação de professores para a educação profissional.

O ensino médio e a educação profissional, em particular, mereceram três edições de pareceres e respectivas resoluções, um tanto por sua relevância, outro tanto porque são temas que provocam mais debates e sobre os quais há mais polêmicas e divergências. O primeiro debate sobre diretrizes para o ensino médio começou no CNE em 1997 e foi concluído com o Parecer CNE/CEB nº 15/98, e com a Resolução CNE/CEB nº 3/98. Relatei os primeiros documentos definidores de diretrizes curriculares nacionais para a educação profissional de nível técnico por meio do Parecer CNE/CEB nº 16/99, que fundamentou a Resolução CNE/CEB nº 4/99. Esse parecer teve como principal desafio regulamentar a oferta de educação profissional no Brasil após a edição da atual LDB, enfrentando resistências e reinterpretando o polêmico Decreto nº 2.208/97. Esse decreto possibilitava a oferta de educação profissional técnica de nível médio nas formas concomitante, integrada e subsequente. O grande debate foi travado no âmbito da rede federal, cuja oferta de ensino médio se dava quase exclusivamente sob a forma chamada oficialmente de "integrada", porque, com uma única matrícula, os estudantes tinham acesso ao ensino médio e a uma habilitação técnica. Na prática, a maior parte dos estudantes estava interessada mesmo era na realização de um curso de ensino médio de excelência, que melhor viabilizava o acesso aos cursos superiores mais concorridos. O principal indicador desse fato está no reduzido volume de egressos que assumiam a profissão técnica para a qual estavam habilitados, embora muitos seguissem carreira universitária em cursos de áreas afins à sua formação profissional inicial.

A educação profissional subsequente sempre foi oferecida por instituições como o Senai e o Senac. Seus cursos eram classificados, na modalidade de ensino supletivo, como cursos de qualificação profissional. A normatização do ensino supletivo no estado de São Paulo já apresentava um desenho mais moderno em relação à estrutura curricular desses cursos de qualificação profissional, possibilitando sua organização de acordo com itinerários formativos planejados pelas escolas técnicas a partir dos perfis profissionais identificados nos itinerários de profissionalização praticados no âmbito do mundo do trabalho. Esses cursos e suas etapas intermediárias eram identificados como cursos de Qualificação Profissional I (qualificação inicial); II (qualificação intermediária com aproveitamento de estudos), III (qualificação profissional de auxiliar técnico) e IV (qualificação profissional de técnico). Esses cursos poderiam ser realizados como cursos concomitantes ou subsequentes ao ensino médio, de acordo com as especificações dos respectivos planos de curso. A grande crítica feita ao Decreto nº 2.208/97 pelos professores dos cursos técnicos de nível médio desenvolvidos sob forma integrada com o ensino médio girava em torno do processo seletivo e da consequente qualidade desses cursos. Com a abertura de vagas exclusivas de educação profissional em cursos subsequentes, dirigidas prioritariamente para estudantes trabalhadores, os docentes julgavam que tais alunos eram "mais fracos" e menos preparados para obterem uma boa educação profissional. Na verdade, esses estudantes normalmente tinham concluído o ensino médio há algum tempo ou frequentaram escolas menos seletivas. Estavam mais focados na educação profissional técnica do que em vestibulares tão ou mais seletivos dos que os cursos "integrados" (de matrícula única).

Logo após a homologação do Parecer CNE/CEB nº 16/99 e da edição da Resolução CNE/CEB nº 4/99, passei a integrar uma comissão bicameral, na qual fui relator de novo parecer. O Parecer CNE/CP nº 29/02 fundamentou a definição de diretrizes curriculares nacionais gerais para os cursos superiores de tecnologia, do qual resultou a Resolução CNE/CP nº 3/02. Esse parecer também gerou muitos debates e muita polêmica, em especial nos meios acadêmicos.

Em 23 de julho de 2004, o Decreto nº 2.208/97 foi substituído pelo Decreto nº 5.154/04, que enfatizou a possibilidade de integrar a educação profissional técnica de nível médio com o ensino médio, em resposta às reações de muitos educadores insatisfeitos com o estímulo às outras formas de organização curricular (concomitante e subsequente). Com a revogação do Decreto nº 2.208/97 pelo Decreto nº 5.154/04, a Câmara de Educação Básica do CNE aprovou por unanimidade o Parecer CNE/CEB nº 39/04, do qual também fui relator. Esse parecer deu origem à Resolução CNE/CEB nº 1/05, que atualizou as diretrizes curriculares nacionais para o ensino médio e para a educação profissional técnica de nível médio.

Em 23 de fevereiro de 2005, o secretário de Educação Básica do Ministério da Educação encaminhou ao Conselho Nacional de Educação proposta para o desenvolvimento de cursos e de diretrizes curriculares nacionais para a profissionalização técnica de nível médio de profissionais preparados para atuar na área da educação. Fui designado relator da matéria e, em 3 de agosto de 2005, foi aprovado o Parecer CNE/CEB nº 16. Em decorrência da homologação desse parecer, a Resolução CNE/CEB nº 5, de 22 de novembro de 2005, incluiu a área de "serviços de apoio escolar" nos quadros anexos à Resolução CNE/CEB nº 4/99, como 21ª área profissional. Esse parecer representou inegável estímulo à profissionalização dos funcionários das escolas de educação básica, em todas as suas etapas e modalidades de educação e ensino. O programa originário dessa regulamentação, denominado como "profuncionário", ainda continua dando sua contribuição à qualidade da educação, em especial nas diferentes etapas e modalidades da educação básica.

Posteriormente, em novembro de 2007, o MEC encaminhou ao CNE uma proposta de instituição do Catálogo Nacional de Cursos Técnicos de Nível Médio (CNCT). Retornando à Câmara de Educação Básica do Conselho Nacional de Educação, fui o relator da matéria, que resultou no Parecer CNE/CEB nº 11/08. Em decorrência, a Resolução CNE/CEB nº 3/08 aprovou o CNCT e determinou que os cursos constantes desse catálogo fossem organizados por eixos tecnológicos.

A Câmara de Educação Básica do Conselho Nacional de Educação aprovou, em 7 de abril de 2010, por minha indicação, o Parecer CNE/CEB nº 7, que estabeleceu as bases para a definição das diretrizes curriculares nacionais gerais para a educação básica. Essa definição tornava-se então necessária pela emergência da atualização das políticas educacionais que consubstanciam o direito à formação humana e cidadã e à formação profissional em ambiente educativo. Após mais de 13 anos de vigência, a LDB já havia sofrido uma série de alterações significativas, particularmente em relação à educação básica, e de modo especial quanto à educação profissional e tecnológica. O Parecer CNE/CEB nº 7/10 ressaltou que a maior parte dessas modificações tem relevância social, porque propicia a reorganização de aspectos significativos da educação básica. A partir dessas novas diretrizes curriculares nacionais gerais para a educação básica, o CNE foi instado a atualizar o seu conjunto de diretrizes específicas para o ensino médio e para a educação profissional técnica de nível médio, entre outras demandas.

Fui novamente o relator do Parecer CNE/CEB nº 11/12, que deu origem à Resolução CNE/CEB nº 6/12. Essa Resolução definiu novas diretrizes curriculares nacionais para a educação profissional técnica de nível médio. A Resolução CNE/CEB nº 2, de 30 de janeiro de 2012, já definira novas diretrizes curriculares nacionais para o ensino médio, com fundamento no Parecer CNE/CEB nº 5, de 4 de maio de 2011. Esse assunto gerou muita polêmica e provocou longos debates, até se chegar a um acordo parcial sobre o assunto, o que possibilitou a aprovação dos dois pareceres e das duas resoluções. Entendo que nenhum desses quatro documentos normativos chegou à sua versão ideal no momento da aprovação, mas todos representam o que foi possível ser aprovado naquele momento, a partir do consenso mínimo que foi criado entre os educadores participantes do embate.

Estou muito convencido, à luz dos meus mais de quarenta anos de vida dedicados ao desenvolvimento da educação profissional, de que a chave que abre a porta para o entendimento desse compromisso ético, estético e político da educação profissional e tecnológica em relação aos seus formandos trabalhadores, seus empregadores e a sociedade brasileira é o desenvolvimento contínuo e permanente das competências profissionais do cidadão trabalhador. Essas competências devem ser aqui entendidas claramente como o desenvolvimento da capacidade pessoal, socialmente partilhada, de continuamente mobilizar, articular e colocar em prática seus saberes, em termos de conhecimentos cognitivos e socioemocionais, habilidades para reconhecer e conhecer os fundamentos científicos e tecnológicos dos processos produtivos, integrando teoria e prática no ato de fazer bem feito, cultivando a beleza da obra acabada. Competências que possibilitem oferecer respostas originais e criativas a desafios inusitados da vida diária, profissional e social, orientando suas atitudes por valores, que incluem a ética da igualdade e a estética da sensibilidade, aliada ao desenvolvimento da autonomia intelectual e do pensamento crítico no controle das emoções, subordinando-as aos princípios políticos da igualdade e da solidariedade, na busca do bem comum e do desenvolvimento sustentável. Isso será possível se nossos educandos aprenderem a aprender, continuamente, estando preparados para adaptar-se com flexibilidade às novas exigências do trabalho e da sociedade atual, em condições de contribuir para que ele próprio seja e permaneça sempre incluído no mundo do trabalho e na sociedade globalizada.

De patinho feio
a cisne dourado

PROJETOS COMO PROEJA, PROJOVEM,
PRONATEC E VENCE ALTERAM A
SITUAÇÃO PRESENTE – DE PATINHO
FEIO A CISNE DOURADO: CONSENSO
DE SUPERVALORIZAÇÃO APARENTE NOS
DISCURSOS POLÍTICOS.

A educação profissional começou sua história nacional como o patinho feio do conto infantil. Em análise mais detalhada no Parecer CNE/CEB nº 16/99 e resumida em outros capítulos deste livro, já tratamos do enfoque dualista que distinguia a educação para os ricos e para os pobres em nossa terra. A educação profissional herdou por aqui o estigma negativo do trabalho braçal e pesado que a religiosidade praticamente hegemônica também associava ao sofrimento decorrente da perda do direito ao paraíso, como condenação pelo pecado original. Esse castigo divino foi muitas vezes associado ao próprio trabalho, ligando-o a uma espécie de tortura física.

O ideal cultivado nesse ambiente preconceituoso, que perdurou no Brasil escravista por séculos, influenciando gerações e gerações, não foi, portanto, o de ganhar a vida pelo trabalho honesto, belo, produtivo e bem-feito, mas sim pelo poder gerador de rendas, não raras vezes de procedência patrimonialista, originário de sesmarias, cartórios e capitanias hereditárias, que por vezes confundiam o bem público com o bem privado, onde o ideal evangélico do bem servir dava lugar ao ideal do bem servir-se.

Apenas as elites mereceram alguma educação escolar. A atividade econômica predominante não requeria educação formal para garantir uma boa atuação profissional para os padrões então exigidos. Portanto, o vínculo entre educação escolar e preparação para o trabalho da maioria dos profissionais não era reconhecido. Apenas os níveis gerenciais das organizações empresariais, privadas ou públicas, controlavam o conhecimento técnico e organizacional. Em decorrência dessa conjuntura, os esforços realizados para a formação dos trabalhadores se orientaram muito mais para ações de natureza assistencialista ou de linear ajustamento aos postos de trabalho disponibilizados para a massa trabalhadora.

A partir da década de 1970, começou a ser notado um conjunto de alterações no mundo do trabalho. Desenhou-se um novo cenário, estabelecido com utilização de tecnologias cada vez mais complexas agregadas à produção e à prestação de serviços. Além disso, a internacionalização das relações econômicas tem se ampliado aceleradamente. Para responder aos novos desafios apresentados por essas novas circunstâncias, é exigido cada vez mais de todos os trabalhadores que apresentem sólida base de educação geral. Essa exigência já não é mais apenas para chefes e capatazes, mas para todos os trabalhadores. São também essenciais a qualificação profissional básica dos trabalhadores não qualificados, a habilitação profissional de técnico de nível médio e a educação continuada, para permanente atualização, aperfeiçoamento, especialização e requalificação profissional. Em suma, essas mudanças estruturais nos modos de produção e de prestação de serviços refletiram nas demandas para os perfis profissionais dos trabalhadores. Os trabalhadores deveriam ser mais versáteis e adaptáveis a situações novas e a ambientes de trabalho mais complexos e em constante mutação. Novas formas de organização do trabalho também aumentaram a autonomia dos trabalhadores operacionais em muitos ambientes.

Todos esses diagnósticos convergem para uma maior valorização da educação profissional nas políticas públicas nacionais. O "patinho feio" cresceu e está se apresentando como um "cisne dourado".

Em alguns momentos da história recente, parece-nos que houve até algum exagero nas expectativas em relação às reais possibilidades da educação profissional para o desenvolvimento socioeconômico. Em períodos de campanhas eleitorais foram apresentados exemplos mais radicais de exageros, com promessas que fazem supor que a qualificação profissional e a formação técnica dos trabalhadores seriam suficientes para garantir empregos, independentemente de outras providências para garantir infraestrutura produtiva e ambiente econômico adequado para exportações ou ampliação da renda da população e do consumo interno de bens e serviços. Todos os discursos políticos, na última campanha de 2014, foram muito semelhantes pela maioria dos candidatos ao governo federal e aos governos estaduais. De qualquer forma, mesmo se descartarmos alguns exageros eleitoreiros, diversos programas oficiais exemplificam a real valorização recente da educação profissional. Alguns exemplos:

- ampliação significativa da rede de escolas técnicas federais e de algumas redes estaduais de educação profissional;
- Programa Nacional de Integração da Educação Profissional com a educação básica na modalidade de educação de jovens e adultos (Proeja);
- Programa Nacional de Inclusão de Jovens (ProJovem), com objetivo de elevar a escolaridade de jovens com idade entre 18 e 29 anos, por meio da modalidade de educação de jovens e adultos (EJA), integrada à qualificação profissional e à ação comunitária;
- Programa Nacional de Acesso ao Ensino Técnico e Emprego (Pronatec), criado em 2011, por meio da Lei nº 12.513/11, com objetivo de expandir, interiorizar e democratizar a oferta de cursos de educação profissional e tecnológica no país, devidamente ampliado por força da Lei nº 12.816/13;
- Programa Brasil Profissionalizado, destinado à ampliação da oferta e ao fortalecimento da educação profissional, integrada ao ensino médio nas redes estaduais;
- Rede e-Tec Brasil, com oferta gratuita de cursos técnicos e de qualificação profissional, na modalidade a

distância. Instituições participantes: Rede Federal de Educação Profissional, Científica e Tecnológica, Serviços Nacionais de Aprendizagem (Senai, Senac, Senar e Senat) e instituições de educação profissional vinculadas aos Sistemas Estaduais de Ensino;

- Acordo de gratuidade do Governo Federal com os Serviços Nacionais de Aprendizagem, com objetivo de ampliar, progressivamente, a aplicação dos recursos do Senai e do Senac, recebidos da contribuição compulsória, em cursos técnicos e de qualificação profissional, em vagas gratuitas destinadas a pessoas de baixa renda, com prioridade para estudantes e trabalhadores. O acordo foi celebrado em 2008 e, em 2014, as instituições atingiram o percentual de alocação de 66,7% da receita líquida oriunda da contribuição compulsória nos seus programas de gratuidade;

- Programa Vence, desenvolvido pelo Governo do Estado de São Paulo, com objetivo de oferecer acesso a cursos técnicos de qualificação profissional, em instituições credenciadas, para os alunos matriculados no ensino médio da rede estadual de educação de São Paulo, e muitos outros que poderiam ser destacados por esse Brasil afora.

Para quem atua na educação profissional com empenho e dedicação, como nós, o momento atual equivale ao período de colheita numa metáfora agrícola. As instituições e os educadores que plantaram propostas educativas, que enfatizaram a autonomia e a inteligência dos trabalhadores de todos os níveis, podem agora vislumbrar o desfile de resultados positivos. As chances de sustentabilidade de uma educação profissional orientada para maior autonomia do coletivo de trabalhadores são hoje certamente menos utópicas do que há poucas décadas, apesar de alguns retrocessos lastimáveis.

Nesse contexto, para que a colheita não seja transformada em venda de ilusões aos jovens e trabalhadores brasileiros, ainda é oportuno ressaltar que as mudanças sociais e a revolução científica e tecnológica em curso no mundo globalizado dos tempos atuais, bem como o processo histórico de reorganização do trabalho, demandam uma completa revisão dos currículos escolares praticados, em especial no âmbito da educação profissional. Já enfatizamos que a complexidade do mundo atual tem exigido dos trabalhadores, em doses cada vez mais crescentes, maior capacidade de raciocínio, autonomia intelectual, pensamento crítico, iniciativa própria e espírito empreendedor, bem como capacidade de visualização e resolução de problemas. Isso exige novas políticas públicas que contemplem uma oferta mais flexível de cursos e programas objetivamente destinados à profissionalização dos trabalhadores, de acordo com itinerários formativos e arranjos curriculares relevantes. É essencial possibilitar aos educandos contínuo e articulado aproveitamento de estudos e de saberes e competências profissionais já constituídas, colocando-os em melhores condições para ver o mundo com perspicácia e nele viver seus sonhos e projetos. Assim, o que se exige efetivamente é uma educação para a vida, em sentido lato, na perspectiva do "pleno desenvolvimento da pessoa, seu preparo para o exercício da cidadania e sua qualificação para o trabalho", como definido na Constituição Federal e na Lei de Diretrizes e Bases da Educação Nacional.

Discurso oficial e realidade

O DISCURSO OFICIAL E A REALIDADE DA EDUCAÇÃO PROFISSIONAL NO BRASIL: NILO PEÇANHA (INÍCIO DA REDE FEDERAL), GETÚLIO VARGAS (LEIS ORGÂNICAS E SNAS), GOVERNOS MILITARES (LEIS Nº 5.692/71 E 6.297/75), FHC (PROEP E DECRETO Nº 2.208/97), LULA (DECRETO Nº 5.154/04, PROJOVEM E PROEJA) E DILMA (PRONATEC E LEI Nº 13.005/14 – PNE).

Todos os políticos nacionais defendem o incremento das ações de educação profissional com o chavão "tirar o menor das ruas" ou como proposta para possibilitar desenvolvimento socioeconômico linear. Nem sempre os discursos correspondem às intenções. Nem sempre as prováveis boas intenções geraram bons resultados.

Como já foi analisado anteriormente, a educação profissional quase sempre correu em paralelo à educação geral, num processo de dualismo segregador de pobres e ricos, ou dos proprietários de bens e daquelas pessoas cujas moradias não possuem "nem eira e nem beira", conforme explicitado na cultura popular.

Neste capítulo, procuramos concentrar a análise a partir da segunda metade do século passado. Após uma maior valorização da educação na Constituição de 1946 e alguns anos de relativa normalidade democrática, em 1964 foi instaurado um ciclo de governos militares. Ao lado da centralização de políticas declaradas como desenvolvimentistas e nacionalistas, e criticadas por opositores como entreguistas ao neoliberalismo e ao controle de países centrais, houve a intenção declarada de valorizar a educação profissional técnica no então ensino de segundo grau, atual ensino médio.

A Lei nº 4.024/61 foi uma Lei de Diretrizes e Bases da Educação Nacional debatida no âmbito do Congresso Nacional e amplamente discutida pela sociedade civil organizada ao longo de mais de treze anos. Essa LDB avançou bastante em relação ao conjunto das chamadas Leis Orgânicas, para superar o dualismo excludente e promover equivalência formal dos estudos realizados nas opções mais acadêmicas do colegial clássico ou do científico, bem como na opção intermediária do chamado curso normal, destinado à formação de professores para o então ensino primário. Ainda eram oferecidas as opções profissionalizantes de cursos técnicos para os segmentos industrial, comercial, agrícola e área de saúde. Todos esses cursos, qualquer que fosse o itinerário formativo escolhido pelos estudantes, guardavam plena equivalência entre si e para fins de continuidade de estudos em níveis superiores. Essa equivalência plena passou, por exemplo, a permitir a continuidade de estudos em quaisquer cursos superiores para os egressos de todos esses cursos, desde que devidamente aprovados nos respectivos concursos vestibulares. De um lado, foi superada aquela restrição quanto à alteração de área de estudos, possibilitando trânsito mais aberto entre um e outro ramo de estudos. Por outro lado, como a oferta de vagas em cursos superiores teve pouca expansão, os exames vestibulares eram barreira importante para o ingresso de muitos, em especial nos cursos socialmente mais valorizados e mais concorridos.

Como também já analisamos, a Lei nº 5.692/71 alterou a LDB então vigente, a Lei nº 4.024/61, com intenção declarada de valorizar a formação de técnicos. Entretanto, a intenção real mais provável deve ter sido a de diminuir a pressão por vagas nos cursos universitários, que animavam os movimentos estudantis, os principais opositores dos governos militares de plantão. Essa chamada Reforma da LDB pretendia transformar todo o ensino secundário em ensino profissionalizante. Seus efeitos reais foram perversos, como também já afirmamos em capítulos anteriores. Tanto a educação geral quanto a educação técnica sofreram impactos negativos dessa obrigatoriedade imposta às escolas secundárias.

Os mesmos governos militares radicalizaram um pouco mais o tema, estimulando as empresas a promover educação profissional por meio da Lei nº 6.297/75, mediante incentivos fiscais de dedução das despesas e investimentos do imposto de renda das pessoas jurídicas. Houve algum avanço na educação corporativa, mas o refluxo foi rápido porque muitos dos projetos não foram consistentes e sustentáveis. Os incentivos passaram a ser o foco central dos projetos, uma das distorções comuns nas tentativas de promover mudanças culturais com base em sedução, com recursos ou com privilégios fiscais.

Após o retorno a uma relativa normalidade democrática, com a atual Constituição Federal de 1988, a educação ganhou mais visibilidade e a educação profissional também alcançou um espaço formal muito mais adequado. Entretanto, as mudanças na realidade são mais lentas e demandam esforços constantes de todos os agentes sociais.

Já analisamos anteriormente algumas reações decorrentes do Decreto nº 2.208/97, que pretendia aumentar a oferta de cursos técnicos para candidatos efetivamente mais interessados nas profissões técnicas do que no ensino médio de excelência associado a tais cursos técnicos. Por conta disso, a intenção original teve resultados apenas parciais. Algo similar aconteceu com o Programa de Expansão da Educação Profissional (Proep), que financiou principalmente a construção de escolas técnicas, mas nem sempre os projetos foram consistentes e em várias situações faltaram recursos para a operação adequada dessas escolas financiadas pelo programa governamental.

O Decreto nº 5.154/04 pretensamente propunha um "retorno" à educação profissional técnica de nível médio integrada ao ensino médio. A prática indicou que essa integração raramente foi efetivada em nossa história educacional, simplesmente porque prevaleceram os currículos justapostos. Em muitas situações, a matrícula única era – e ainda é, na maioria dos casos – a principal ou a única diferença entre um curso concomitante e um curso chamado integrado.

Em suma, com nossa experiência de mais de trinta anos laborando em torno de leis, decretos, resoluções, pareceres, indicações, portarias e comunicados, queremos apenas deixar aqui um alerta para que as letras das leis, dos decretos, das resoluções e dos demais atos normativos que fixam diretrizes e dos pareceres normativos ou casuísticos sejam associadas a práticas sociais, práticas docentes e práticas de gestão educacional congruentes com as boas intenções que declaram.

Perspectivas de curto, médio e longo prazo

PERSPECTIVAS E DEMANDAS DE CURTO, MÉDIO E LONGO PRAZO PARA UM PROCESSO CONGRUENTE DE DESENVOLVIMENTO EQUILIBRADO DA EDUCAÇÃO PROFISSIONAL NO BRASIL: ALINHAMENTO EFICAZ POSSÍVEL DA PIRÂMIDE DE PROFISSIONAIS COM AS DEMANDAS DO MUNDO DO TRABALHO.

O grande desafio da educação brasileira nesta primeira metade do século XXI é o de garantir educação básica de excelência para todos os brasileiros. Sonhamos com essa escola democrática de qualidade, na qual seja possível aprender a ver o mundo com perspicácia, para nele atuar construtivamente. Essa é a única alternativa que vislumbramos como possível saída para garantir efetiva contribuição ao desenvolvimento sustentável e solidário da nação brasileira. Concordamos com a argumentação de Rui Barbosa na Câmara de Deputados do Império ao emitir parecer em projeto de reforma da instrução pública, ainda em 1882, no sentido de que a educação tem de ser a grande prioridade nacional, pois a ignorância popular é efetivamente a mãe de todas as servilidades.

Vencer essa etapa da democrática universalização da oferta educacional de qualidade, que possibilite inclusão efetiva, é condição essencial para que o Brasil seja uma nação verdadeiramente livre, competindo em condições de igualdade no cenário internacional. Esse é o nosso sonho e a nossa utopia. Enquanto essa utopia não se tornar realidade, sua ausência será para todos nós, educadores brasileiros, um amedrontador pesadelo que não permite continuar "dormindo eternamente".

A dificuldade de concretização dos princípios constitucionais que poderiam viabilizar esse sonho, esperança de muitos, decorre principalmente de algumas heranças malditas originárias de nosso passado colonial, já analisadas neste livro: patrimonialismo, escravismo e cartorialismo. Elas marcaram profundamente nossa cultura social e são diabolicamente malignas ao produzir seus efeitos e exercer sua influência integradamente, disseminando valores e determinando comportamentos pessoais e sociais. Precisamos superar as fraquezas originárias dessas heranças malditas com nossas qualidades e nossas forças, se nosso empenho for constante. Precisamos, juntos, estar vivamente empenhados na concretização dessas utopias. Na hipótese de não ter tempo para alcançá-las em sua plenitude, confiamos que nossos descendentes e seguidores possam continuar esse trabalho. Essa tarefa exige muita dedicação e dignidade, mas também muita humildade, pois a solução para nossos problemas está na solidariedade justa e verdadeira. Nossa sobrevivência pessoal, nacional e universal terá de ser coletiva. Uma pessoa só é eterna naquilo que compartilha, e a essência da educação está exatamente no diálogo e na generosidade da partilha. Aprendemos com o poeta e ensaísta português Fernando Pessoa que vale a pena todo esse esforço, pois "tudo vale a pena, quando a alma não é pequena".

Essa utopia é uma perspectiva de médio ou longo prazo, uma possibilidade que precisamos perseguir como meta e um caminho que precisamos construir ao caminhar.

Num horizonte mais visível, temos o atual Plano Nacional de Educação (PNE) 2014-2024 como um conjunto de vinte metas claramente definidas, associadas a estratégias de execução. O atual desafio dos educadores está em definir os planos de educação estaduais e municipais, orientadores de projetos pedagógicos das instituições educacionais e planos de trabalho dos docentes que busquem efetiva aprendizagem dos estudantes, em todos os níveis e modalidades de ensino.

Alcançar essas metas é uma possibilidade viável, apesar dos percalços de curto prazo, decorrentes especialmente da crise econômica e política que embaça a visibilidade do horizonte mais próximo. Acima dessas nuvens há céu azul. Essa é a nossa crença. Algumas metas datadas para 2015 e 2016 já estão atrasadas, mas no geral ocorreram avanços na direção de sua concretização.

Um bom indicador é que a população brasileira está cada vez mais envolvida com a cobrança de boa qualidade dos serviços educacionais. O assunto está entrando com muito maior frequência em pautas de debates no âmbito das famílias, das empresas, dos meios de comunicação e dos governantes. Nem sempre o enfoque é o melhor, por vezes há retrocessos que assustam, mas o fato de ser uma agenda viva e muito debatida permite sonhos otimistas. É um copo meio cheio, mas também é um copo meio vazio. Podemos contribuir para aumentar o volume dos avanços e evitar o esvaziamento das conquistas tão arduamente obtidas. No campo específico da educação profissional, são bons os indícios de sua valorização com maior sustentabilidade e com multiplicidade de pontos de apoio. A educação profissional está cada vez mais integrada às demandas sociais como caminho para a autonomia cidadã, como direito público de cidadania na confluência nobre dos direitos fundamentais à educação e ao trabalho.

Formação docente

FORMAÇÃO DE PROFESSORES PARA
A EDUCAÇÃO PROFISSIONAL — UMA
SITUAÇÃO MAL RESOLVIDA: DOS
PROGRAMAS OFICIAIS OU OFICIOSOS
À FORMAÇÃO NA ACADEMIA E
NAS INSTITUIÇÕES DE EDUCAÇÃO
PROFISSIONAL.

A formação de professores para a educação profissional e tecnológica nunca mereceu muito destaque na educação brasileira, porque essa educação profissional não tinha equivalência com o ensino formal destinado às chamadas "elites condutoras do país". O que se exigia dos professores desse ensino profissional era, simplesmente, alguma formação em "cursos apropriados", ou então em "cursos especiais" ou "cursos emergenciais". O nome mais comum para designar esses docentes era o de "instrutores". Sua formação consistia principalmente em orientar aprendizes em cursos e treinamentos que pudessem dar conta do atendimento às necessidades específicas do mundo do trabalho.

Apenas a partir de meados da década de 1950 é que se iniciou um movimento no sentido de garantia da equivalência de estudos, permitindo, ao menos, a estruturação de itinerários formativos, de sorte que um técnico de contabilidade, por exemplo, pudesse aspirar à continuidade de estudos superiores na área contábil.

Esse panorama só foi alterado significativamente com a aprovação da primeira LDB, a Lei nº 4.024/61, que garantiu plena equivalência a todos os cursos e programas desenvolvidos com idênticos valores formativos, no mesmo nível de ensino. A partir daí o exercício do magistério para a educação profissional passou, também, a ser regulado pelos órgãos próprios do sistema educacional. Entretanto, aquela LDB ainda conservava a antiga dualidade em relação à formação desses docentes. Seu art. 59 definia que os professores do ensino secundário seriam formados no nível superior, mas os docentes do ensino técnico deveriam ser formados em "cursos especiais de educação técnica", não necessariamente no nível superior. Vários pareceres do antigo Conselho Federal de Educação e diversas portarias do Ministério da Educação regulamentaram a matéria nessa direção, reforçando a antiga dualidade. Esse art. 59 da primeira LDB inspirou a criação da Universidade do Trabalho de Minas Gerais (Utramig), que desempenhou papel fundamental na regulamentação dos dispositivos da reforma do ensino de primeiro e de segundo graus, promovida pela Lei nº 5.692/71, uma vez que passou a assessorar o então Conselho Federal de Educação na elaboração dos catálogos de habilitações profissionais anexos ao Parecer CFE nº 45, de 12 de janeiro de 1972.

No contexto da Lei nº 5.692/71, que tornou obrigatória a profissionalização no ensino de segundo grau, atual ensino médio, houve definição de critérios para registros dos professores do ensino profissional no MEC e cargas horárias mínimas para esses programas especiais destinados à formação de professores para o ensino profissional. Além de desempenhar função normativa sobre a matéria, o MEC também passou a executar diretamente esses programas especiais. Para tanto, foi criada uma fundação específica, denominada Fundação Centro Nacional de Aperfeiçoamento de Pessoal para a Formação Profissional (Cenafor). Essa fundação chegou a desenvolver programas importantes ao aprimoramento de professores para o ensino profissional, na dupla qualidade de agência executiva e de órgão encarregado de coordenar e supervisionar os demais planos de execução voltados para a formação de professores do ensino profissional. Os cursos específicos desenvolvidos pela Fundação Cenafor eram realizados em diversas Unidades da Federação.

A atual LDB trata da questão da formação inicial e continuada dos profissionais da educação em seus arts. 61 e 62. O art. 61 define que os profissionais da educação escolar básica são os que estão em efetivo exercício e foram formados em cursos reconhecidos, como segue: I – professores habilitados em nível médio ou superior para a docência nos ensinos fundamental e médio; II – trabalhadores em educação, portadores de diploma de pedagogia, com a devida habilitação específica, bem como com títulos de mestrado ou doutorado nas mesmas áreas; III – trabalhadores em educação, portadores de diploma de curso técnico ou superior em área pedagógica ou afim. A Lei nº 13.415/17, de conversão da Medida Provisória nº 746/16, acrescentou outros dois incisos nesse art. 61 da LDB. O primeiro deles prevê o aproveitamento de "profissionais com notório saber, reconhecidos pelos respectivos sistemas de ensino". Esses profissionais podem ser aproveitados para ministrar conteúdos afins às áreas de conhecimento de sua formação, bem como de sua experiência profissional, para atuar especificamente nos itinerários formativos voltados para a "formação técnica e profissional". O inciso seguinte prevê o aproveitamento de "profissionais graduados que tenham feito complementação pedagógica", nos termos definidos pelo Conselho Nacional de Educação. O parágrafo único do referido art. 61 da LDB e seus incisos tratam dos fundamentos dessa formação dos profissionais da educação e o art. 62 trata da formação inicial e continuada dos docentes para atuar no âmbito da educação básica. Entretanto, a Lei nº 12.796, de 4 de abril de 2013, introduziu um novo artigo na LDB, o art. 62-A, com a seguinte redação: "A formação dos profissionais a que se refere o inciso III do art. 61 far-se-á por meio de cursos de conteúdo técnico-pedagógico, em nível médio ou superior, incluindo habilitações tecnológicas". Ainda mais, foi acrescentado este parágrafo único:

> Garantir-se-á formação continuada para os profissionais a que se refere o *caput*, no local de trabalho ou em instituições de educação básica e superior, incluindo cursos de educação profissional, cursos superiores de graduação plena ou tecnológicos e de pós-graduação. (Lei nº 12.796, inciso III, art. 61)

O art. 63 da LDB, ao tratar do natimorto instituto superior de educação, em seu inciso II refere-se a "programas de formação pedagógica para portadores de diploma de educação superior que queiram se dedicar à educação básica".

Para complicar um pouco mais a questão, o Título V da LDB, que trata "dos níveis e das modalidades de educação e ensino", dedica o Capítulo I à composição dos níveis escolares, contemplando apenas dois níveis: a educação básica e a educação superior. Assim, o Capítulo II apresenta uma seção para tratar das disposições gerais, uma segunda para tratar da educação infantil, uma terceira para tratar do ensino fundamental, uma quarta para tratar do ensino médio e uma quinta para tratar da educação de jovens e adultos. A educação profissional é tratada em um capítulo à parte, o Capítulo III, antes do Capítulo IV, que trata da educação superior. Antes do Título VI, que trata dos profissionais da educação, ainda aparece, no âmbito da educação básica, o Capítulo V, para tratar da educação especial. Apenas em 2008, na redação dada pela Lei nº 11.741/08, é que aparece a Seção IV-A, dedicada à educação profissional técnica de nível médio. Portanto, no âmbito da educação básica, a educação profissional, denominada pela Lei nº 11.741/08 como "Educação profissional e tecnológica", inclui, na nova redação do inciso III do art. 39, a "educação profissional tecnológica de graduação e pós-graduação". A rigor, essa categoria deveria ser objeto do Capítulo IV da LDB.

Todas as vezes em que a questão da formação de professores para a educação profissional entrou em pauta na Comissão Bicameral do Conselho Nacional de Educação da qual participei, constituída para tratar da formação de professores para a educação básica, o assunto foi afastado da pauta porque, primeiramente, seria necessário definir as diretrizes curriculares nacionais, de natureza mais geral, para a formação inicial e continuada de professores da educação básica, em nível superior. Isso ocorreu com a Resolução CNE/CP nº 2/15, com base no Parecer CNE/CP nº 2, de 1º de julho de 2015. Após consolidar a implementação dessas diretrizes de natureza mais geral é que seriam trabalhadas com maior rigor as novas diretrizes curriculares nacionais para a educação profissional e tecnológica, atendendo às suas especificidades, em coerência com as diretrizes curriculares nacionais definidas para a educação profissional técnica de nível médio e seus itinerários profissionais pela Resolução CNE/CEB nº 6/12, com fundamento no Parecer CNE/CEB nº 11/12. Esse assunto continuou sendo tratado em conjunto com a Setec/MEC, uma vez que ali já havia sido tratado anteriormente a 2012, quando foram aprovadas as novas diretrizes curriculares nacionais para a educação profissional técnica de nível médio.

A Resolução CNE/CP nº 2/15 definiu que as diretrizes curriculares nacionais para a formação inicial e continuada de profissionais do magistério para a educação básica aplicam-se à formação de professores para a educação infantil, o ensino fundamental, o ensino médio e as respectivas modalidades de educação (educação de jovens e adultos, educação especial, **educação profissional e tecnológica**, educação do campo, educação escolar indígena, educação a distância e educação escolar quilombola), nas diferentes áreas do conhecimento e com integração entre elas, podendo abranger um campo específico e/ou interdisciplinar.

O fato da "educação profissional e tecnológica" estar incluída como subcategoria de "profissionais do magistério para a educação básica" não impede a definição de novas diretrizes curriculares nacionais para seus professores. Aliás, a "educação escolar indígena" também está inserida no mesmo artigo e foi objeto da Resolução CNE/CP nº 1/15, que trata da formação de professores indígenas, cuidando das especificidades do caso. Obviamente, as novas diretrizes curriculares nacionais específicas para a formação inicial e continuada dos professores da educação profissional e tecnológica deverão considerar e ser congruentes com o conjunto das reflexões e orientações definidas pelo Conselho Nacional de Educação na Resolução CNE/CP nº 2/15.

A especificidade da educação profissional e tecnológica está fundamentada no art. 205 da Constituição Federal e no art. 2º da LDB, que definem, como finalidade última da educação nacional de qualidade, o pleno desenvolvimento da pessoa (CF) do educando (LDB), seu preparo para o exercício da cidadania e sua qualificação para o trabalho. Foi essa determinação constitucional/legal que orientou uma das finalidades do ensino médio para a "preparação básica para o trabalho (...)" e orienta a educação profissional e tecnológica para a integração "aos diferentes níveis e modalidades de educação e às dimensões do trabalho, da ciência e da tecnologia". Quanto ao ensino médio, uma vez "atendida a formação geral do educando, poderá prepará-lo para o exercício de profissões técnicas". Esse preparo para "o exercício de profissões técnicas" ou a qualificação profissional (formação inicial) e especialização (formação continuada) de trabalhadores na educação profissional é parte da essência mesma do seu trabalho, o qual constitui uma das prioridades do Plano Nacional de Educação (Lei nº 13.005/14), conforme mandamento constitucional definido no inciso IV do art. 214 da Constituição Federal.

As mudanças em curso no mundo do trabalho exigem uma nova educação profissional. Isso demanda um novo professor especializado para o exercício da função docente em programas de educação profissional e tecnológica, para atuar em um mundo do trabalho cada vez mais complexo e que exige respostas cada vez mais complexas. Para enfrentar a dinâmica desse movimento de permanente e crescente complexificação das relações sociais e produtivas, é essencial o desenvolvimento cognitivo e operativo de um conjunto de competências profissionais para que o cidadão trabalhador possa se mobilizar, articular e colocar em ação, para dar respostas originais e criativas aos desafios diários de sua vida social e profissional. Conhecimentos, habilidades, atitudes, valores e emoções devem ser continuamente mobilizados, articulados e colocados em prática. Esse novo cenário e essa nova concepção de competência profissional como compromisso ético da instituição educacional para com seus estudantes, os empregadores no mundo do trabalho e a sociedade beneficiária da ação competente de seus cidadãos trabalhadores exigem a formação de um novo perfil docente para a educação profissional. Esse docente deve ser capaz de trabalhar intelectual e operativamente a partir da realidade da prática social do trabalhador e de seus desafios profissionais, nos âmbitos da sua vida pessoal e social, tanto como professor, na educação formal, quanto como instrutor ou similar.

Esse entendimento se orienta pelo pressuposto de que o docente da educação profissional técnica de nível médio deve garantir o domínio dos conhecimentos técnicos e tecnológicos do mundo do trabalho e dos conhecimentos específicos relativos à especialidade do componente curricular atribuído à sua responsabilidade. Além de sua competência profissional, deve ter desenvolvido, também, a habilidade para ensinar e orientar os seus alunos nas trilhas da aprendizagem, conduzindo seus educandos no processo de aprender a trabalhar e alterar suas condições de trabalho. Isso requer desse docente, além de sua formação disciplinar específica e de sua experiência profissional no mundo do trabalho, que desenvolva aptidões de ordem pedagógica e que assuma o trabalho como efetivo princípio educativo, bem como a pesquisa como permanente princípio pedagógico orientador de suas ações didáticas.

Existem pesadas divergências sobre a matéria entre os diferentes demandantes e, também, entre os profissionais que se dedicam à formação profissional e no interior das categorias sindicais. Por esse motivo sempre foram encaminhadas ao CNE solicitações para desenvolver um esforço de consolidação de normas e orientações, até mesmo sobre a nomenclatura correta a ser utilizada para caracterizar tais cargos docentes. Com fundamento na CBO, algumas instituições voltadas para a educação profissional classificam seus docentes como "instrutores de educação profissional" ou algo similar. Esses profissionais são contratados sob a modalidade horista, com cargas horárias que variam entre quatro a quarenta e quatro horas de trabalho efetivo, contemplando carga horária específica referente ao repouso semanal remunerado. Tais docentes, independentemente da sua classificação, a partir da nomenclatura adotada, são filiados ao Sindicato dos Empregados em Entidades Culturais, Recreativas, de Assistência Social, de Orientação e Formação Profissional (Senalba). A filiação ao Sindicato dos Professores (Sinpro) tem sido reservada apenas para os professores das instituições de educação superior e dos cursos técnicos de nível médio. Algumas instituições enquadram seus professores e instrutores, indistintamente, ora no Senalba, ora no Sinpro, dependendo da prevalência do volume da carga horária dedicada pelo profissional a uma ou outra modalidade de curso ou programa educacional, aplicando-se regras de contratação distintas para uma e outra categoria profissional. Esse é o caso, por exemplo, de grande parte dos profissionais contratados como orientadores de educação profissional ou orientadores de curso. Há, ainda, algumas instituições educacionais que filiam seus profissionais a sindicatos de outras categorias profissionais, principalmente no caso de docentes de ocupações profissionais regulamentadas e fiscalizadas por legislação profissional específica.

Após muitos debates no CNE, em audiências públicas e em reuniões com especialistas, apresentamos um rol de aspectos que julgamos essenciais na regulamentação da formação de professores para a educação profissional.

- A formação dos professores de educação profissional deve ressaltar a importância da obra em aprendizagens do saber do trabalho. É importante que o aluno possa, por meio do desempenho, articular informação e conhecimento de modo significativo. Compete ao professor apoiar tal desempenho.

- É necessário considerar que o **saber como** não é mera habilidade. **Saber fazer** é uma dimensão de conhecimento que precisa ser desenvolvida na ação e pela ação.

- A história do trabalho precisa ser considerada na formação de professores de educação profissional. Antes de ingressar nas escolas, a formação no e pelo trabalho tem uma longa tradição que marcou as relações entre mestres e aprendizes no desenvolvimento de ofícios. Essa tradição guarda poucas relações como as origens da educação escolar que nasceu como forma de preparação dos filhos das elites. Essa circunstância gera certa tensão na educação profissional, uma vez que as duas tradições têm raízes muito diferentes em termos da história do desenvolvimento do saber.

- Os professores de educação profissional devem ser capazes de recuperar no todo ou em parte o saber que foi incorporado como trabalho morto em equipamentos e rotinas automatizadas. A escola não pode funcionar como mecanismo de redução do saber no campo profissional.

- Em educação profissional, é preciso que o professor seja capaz de produzir as obras com as quais seus alunos se envolverão.

- É preciso garantir estágio nos quais os alunos de cursos para formação de professores se envolvam com o **aprender fazendo**, em ambientes de trabalho integrados à aprendizagem.

- Os cursos de graduação em tecnologia podem oferecer a formação pedagógica, permitindo ao egresso obter uma dupla titulação: tecnólogo e licenciado.

- As instituições de educação profissional (Institutos Federais, Senac, Senai e congêneres) devem ser consideradas como *locus* ideal à formação de professores para a educação profissional.

- A formação de professores já está bem regulamentada em termos gerais e já há diretrizes específicas, para cada nível e para diversas modalidades, que precisam ser consideradas para estabelecer as diretrizes específicas referentes à formação de professores para educação profissional.

- A formação docente para a educação profissional merece caracterização própria, desde suas formas de oferta até suas metodologias e conteúdos formativos.

- É preciso considerar que todo docente da educação profissional já deve dominar os saberes do trabalho para o qual irá atuar. Essa é uma característica muito peculiar desse curso, distinguindo-o completamente das duas outras licenciaturas, sendo uma das justificativas mais prementes para um tratamento específico para tal formação.

Este é um assunto ainda pendente no âmbito do Conselho Nacional de Educação. Sobre a matéria, entretanto, a Resolução CNE/CEB nº 6/12 define orientações provisórias, válidas até 2020, em título específico dedicado à formação docente:

> Art. 40 A formação inicial para a docência na Educação Profissional Técnica de Nível Médio realiza-se em cursos de graduação e programas de licenciatura ou outras formas, em consonância com a legislação e com normas específicas definidas pelo Conselho Nacional de Educação.
>
> § 1º Os sistemas de ensino devem viabilizar a formação a que se refere o *caput* deste artigo, podendo ser organizada em cooperação com o Ministério da Educação e instituições de Educação Superior.

§ 2º Aos professores graduados, não licenciados, em efetivo exercício na profissão docente ou aprovados em concurso público, é assegurado o direito de participar ou ter reconhecidos seus saberes profissionais em processos destinados à formação pedagógica ou à certificação da experiência docente, podendo ser considerado equivalente às licenciaturas:

I - excepcionalmente, na forma de pós-graduação *lato sensu*, de caráter pedagógico, sendo o trabalho de conclusão de curso, preferencialmente, projeto de intervenção relativo à prática docente;

II - excepcionalmente, na forma de reconhecimento total ou parcial dos saberes profissionais de docentes, com mais de 10 (dez) anos de efetivo exercício como professores da Educação Profissional, no âmbito da Rede CERTIFIC;

III - na forma de uma segunda licenciatura, diversa da sua graduação original, a qual o habilitará ao exercício docente.

§ 3º O prazo para o cumprimento da excepcionalidade prevista nos incisos I e II do § 2º deste artigo para a formação pedagógica dos docentes em efetivo exercício da profissão, encerrar-se-á no ano de 2020.

§ 4º A formação inicial não esgota as possibilidades de qualificação profissional e desenvolvimento dos professores da Educação Profissional Técnica de Nível Médio, cabendo aos sistemas e às instituições de ensino a organização e viabilização de ações destinadas à formação continuada de professores.

(Brasil, Resolução CNE/CEB nº 6, 2012)

Itinerários formativos

EDUCAÇÃO PROFISSIONAL TÉCNICA
DE NÍVEL MÉDIO E SEUS ITINERÁRIOS
FORMATIVOS: DA QUALIFICAÇÃO À
ESPECIALIZAÇÃO, PASSANDO PELA
HABILITAÇÃO PROFISSIONAL.

Tenho trabalhado com o tema da programação curricular dos cursos de qualificação profissional na perspectiva do desenvolvimento de itinerários formativos que facilitassem a construção dos itinerários de profissionalização dos trabalhadores desde os idos da década de 1970, quando era um dos responsáveis por essa tarefa no Senac de São Paulo. À época, essa orientação programática enfrentava pesadas resistências no âmbito do Conselho Estadual de Educação de São Paulo, razão pela qual o Senac de São Paulo decidiu que era chegado o momento de ingressar no Conselho Estadual de Educação. Fui o terceiro profissional vinculado ao Senac de São Paulo a ser nomeado para o Conselho Estadual de Educação de São Paulo, no qual atuei durante dezoito anos. Nos três primeiros, fui conselheiro suplente, a partir de 1981. Nos quinze anos seguintes, fui conselheiro titular, a partir de agosto de 1985. Nesse período, inclusive, assumi a presidência do colegiado em três oportunidades. Nessa época, o Conselho Estadual de Educação de São Paulo já abraçou a proposta de orientar a programação curricular da educação profissional pela lógica da construção de itinerários formativos que possibilitassem contínuo e articulado aproveitamento de estudos até a conclusão da habilitação profissional técnica, especialmente a partir da aprovação da Deliberação CEE/SP nº 23, de 30 de novembro de 1983. A Indicação CEE/SP nº 9, também de 30 de novembro de 1983, descreveu claramente que o caminho para chegar a essas normas foi de acalorados debates, a partir dos quais foram produzidos diversos votos em separado. Foram quatro deliberações em pouco mais de 10 anos, sem considerar muitos pareceres casuísticos, mas todos da maior importância, pois revelam o amadurecimento dos estudos sobre a matéria por parte do Conselho Estadual de Educação de São Paulo. Nesse período, os conselheiros não dispensavam votos em separado, até mesmo porque o voto em separado em uma ocasião poderia ser o voto vencedor na próxima deliberação, definida anos depois. Assim, o itinerário formativo, que sequer fora admitido em 1972, embora não fosse proibido pelos dispositivos legais vigentes, acabou sendo regulamentado naquele colegiado em 1983 e exerceu forte influência nas normas produzidas pela Câmara de Educação Básica do Conselho Nacional de Educação, ao regulamentar dispositivos da nova LDB, a Lei nº 9.394/96, também conhecida como Lei Darcy Ribeiro da Educação Nacional.

Os debates em torno dos itinerários formativos da educação profissional, no âmbito do Conselho Estadual de Educação de São Paulo, de um lado foram estimulados por dispositivos normativos do antigo Conselho Federal de Educação, e de outro lado foram motivados pela então nova Recomendação nº 150/75, da Organização Internacional do Trabalho, alicerçada na Convenção OIT nº 142/75, assinada pelo Brasil e ratificada pelo Senado Federal em 23 de setembro de 1981, pelo Decreto nº 46/81. O art. 1º desse decreto definia que as políticas e os programas destinados à formação profissional deveriam objetivar a melhoria da capacidade dos trabalhadores para "compreender e influenciar, individual ou coletivamente, o trabalho e o meio ambiente social"; o art. 2º esclarecia que, "dentro ou fora do sistema de educação formal", todo Estado Membro da OIT deveria "estabelecer e desenvolver sistemas abertos, flexíveis e complementares de educação vocacional técnica e geral, de orientação profissional e educacional e da formação profissional"; finalmente, seu art. 3º definia que essas informações e orientações deveriam abranger as oportunidades educacionais, a situação e as perspectivas de emprego, as condições de trabalho nos vários setores, entre outros aspectos da escolha de uma ocupação. Essa Recomendação OIT nº 150/75 foi atualizada e complementada pela Recomendação OIT nº 195/04, em decorrência dos debates na Conferência da OIT de 2004, da qual participei como integrante da delegação do Brasil.

A atual LDB retomou o mandamento constitucional, definindo, em seu art. 2º, que a educação, dever da família e do Estado, inspirada nos princípios de liberdade e nos ideais de solidariedade humana, tem por finalidade o pleno desenvolvimento do educando, seu preparo para o exercício da cidadania e sua qualificação para o trabalho. O § 2º do art. 1º da LDB, por sua vez, define que a educação escolar deverá vincular-se ao mundo do trabalho e à prática social, e o inciso XI do art. 3º, ao definir os princípios a serem assegurados nas atividades de ensino, identifica a vinculação entre a educação escolar, o trabalho e as práticas sociais. O art. 36-A, incluído pela Lei nº 11.741/08 na LDB, define que o ensino médio, atendida a formação geral do educando, poderá prepará-lo para o exercício de profissões técnicas. O parágrafo único do mesmo artigo determina que a preparação geral para o trabalho – e, facultativamente, a habilitação profissional – poderá ser desenvolvida nos próprios estabelecimentos de ensino ou em cooperação com instituições especializadas em educação profissional. O § 3º, incluído pela Lei nº 11.741/08 no art. 37 da atual LDB, determina que a educação de jovens e adultos deverá articular-se, preferencialmente, com a educação profissional. O novo art. 39 da atual LDB, com a redação dada pela Lei nº 11.741/08, define que a educação profissional e tecnológica, no cumprimento dos objetivos da educação nacional, integra-se aos diferentes níveis e modalidades de educação e às dimensões do trabalho, da ciência e da tecnologia. O § 1º desse mesmo artigo prevê que os cursos de educação profissional e tecnológica poderão ser organizados por eixos tecnológicos, possibilitando a construção de diferentes itinerários formativos, observadas as normas do respectivo sistema e nível de ensino.

A Lei nº 13.415/17, de conversão da Medida Provisória nº 746/16, em seu art. 4º, altera a redação do art. 36 da atual LDB, definindo que o currículo do ensino médio será composto pela Base Nacional

Comum Curricular (BNCC) e por itinerários formativos, que deverão ser organizados por meio da oferta de diferentes arranjos curriculares, conforme a relevância para o contexto local e a possibilidade dos sistemas de ensino, a saber: I – linguagens e suas tecnologias; II – matemática e suas tecnologias; III – ciências da natureza e suas tecnologias; IV – ciências humanas e sociais aplicadas; V – formação técnica e profissional. O § 3º do mesmo artigo ainda assevera que poderá ser composto itinerário formativo integrado, que se traduz na composição de componentes curriculares da Base Nacional Comum Curricular e dos itinerários formativos, considerando os incisos I a V do *caput*. Seu § 6º estabelece que a oferta de formação com ênfase técnica e profissional deve considerar a inclusão de vivências práticas de trabalho no setor produtivo ou em ambientes de simulação e a possibilidade de concessão de certificados intermediários de qualificação para o trabalho, quando a formação for estruturada e organizada em etapas com terminalidade.

O § 11 do novo art. 36 da LDB, na redação dada pela Lei nº 13.415/17, possibilita o reconhecimento de competências no desenvolvimento dos itinerários formativos e define que, para efeito de cumprimento das exigências curriculares do ensino médio, os sistemas de ensino poderão reconhecer competências e firmar convênios com instituições de educação a distância com notório reconhecimento, mediante as seguintes formas de comprovação:

I. demonstração prática;

II. experiência de trabalho supervisionado ou outra experiência adquirida fora do ambiente escolar;

III. atividades de educação técnica oferecidas em outras instituições de ensino credenciadas;

IV. cursos oferecidos por centros ou programas ocupacionais;

V. estudos realizados em instituições de ensino nacionais ou estrangeiras;

VI. cursos realizados por meio de educação a distância ou educação presencial mediada por tecnologias.

Se toda a educação escolar, nos termos do art. 2º da LDB, "tem por finalidade o pleno desenvolvimento do educando, seu preparo para o exercício da cidadania e sua qualificação para o trabalho", o principal objetivo e o compromisso ético de uma instituição de educação profissional deve ser o de preparar as pessoas para a vida produtiva, por meio do desenvolvimento das competências profissionais, cognitivas e socioemocionais necessárias ao exercício de uma ocupação, em condições de alterá-la com perspicácia. A meta central é a da melhoria das condições de trabalho, em condições de atender seus requerimentos com dignidade, eficiência e eficácia. Para tanto, é indispensável assumir o trabalho como princípio educativo e a pesquisa como princípio pedagógico, objetivando permanecer plenamente incluído no mundo do trabalho, formal ou informal, como um profissional capaz de permanecer engajado, superando as dificuldades advindas das rápidas transformações e frequentes crises por que passa o mercado de trabalho. Por isso é que, no mundo da pós-modernidade, toda a educação profissional está fundamentada no desenvolvimento de competências, não apenas aquelas restritas ao desempenho de uma atividade específica, mas também de outras, de alcance mais amplo, denominadas competências gerais, voltadas para a formação de um profissional responsável e cidadão, que compreenda o seu fazer, tenha autonomia em relação aos objetos de seus saberes, ética, capacidade crítica, criatividade, e saiba, ainda, gerir sua vida profissional. Por isso mesmo, o próprio conceito de competência adotado pelo Conselho Nacional de Educação envolve a mobilização, articulação e aplicação de valores e emoções, habilidades e atitudes, conhecimentos cognitivos e operativos no desempenho profissional. Tudo isso demonstra a complexidade que caracteriza o mundo do trabalho contemporâneo. O processo de globalização, apoiado no desenvolvimento das tecnologias de informação e comunicação, nos coloca frente a experiências, vindas de todas as partes do mundo, não só no âmbito do trabalho e da economia, mas também da cultura e do comportamento humano. O perfil do novo trabalhador frente ao mercado globalizado não foge à regra. É também um perfil talhado a partir dessa influência mundializada, o que exige a manutenção de currículos flexíveis e atualizados, de modo a conseguir responder a essas mudanças de uma forma cada vez mais criativa e até mesmo inédita. Esse é um dos grandes desafios da atual educação profissional. Nesse sentido, é que se torna necessário um estudo minucioso das áreas profissionais e seus eixos tecnológicos, a partir dos quais seja possível reconhecer as diferentes ocupações contidas em cada um desses segmentos, configurando os itinerários formativos como trilhas e caminhos que o educando pode percorrer no seu processo formativo rumo à profissionalização.

A mudança efetiva ocorre na natureza do trabalho. O conhecimento científico e a incorporação de saberes são cada vez mais importantes para qualquer trabalho minimamente qualificado. O valor do conhecimento passa a assumir centralidade significativa nessa nova organização da sociedade pós-industrial ou pós-moderna, em que o mundo se apresenta como mais instável e carregado de incertezas. Antigos postos de trabalho e emprego, bem como direitos trabalhistas consagrados, podem acabar desaparecendo rapidamente, abrindo perspectivas para a definição de novas políticas públicas para o trabalho, inclusive no campo da educação profissional e tecnológica. Essas novas políticas públicas devem contemplar oferta mais flexível de cursos e programas objetivamente destinados à profissionalização dos trabalhadores, de acordo com itinerários formativos que lhes possibilitem contínuo e articulado aproveitamento de estudos e de conhecimentos, saberes e competências profissionais constituídas. Tudo isso exige novos critérios de classificação dos programas educacionais oferecidos, fazendo distinções e aproximações, segundo diferenças e semelhanças, a partir das análises do mundo do trabalho e dos itinerários de profissionalização dos trabalhadores, como insumo fundamental para a construção dos itinerários formativos a serem propostos pela instituição educacional aos candidatos a emprego, trabalho e renda. Assim, o planejamento curricular da educação profissional e tecnológica deve fundamentar-se no compromisso ético da instituição educacional que oferece tais cursos e programas em relação à concretização do perfil de conclusão dos cursos. Esse perfil de conclusão é definido pela explicitação dos conhecimentos, dos saberes e das competências profissionais requeridos pela natureza do trabalho. A base concreta para definir o perfil de conclusão deve ser a realidade da ocupação e os caminhos práticos percorridos no país, na região e no local de oferta do curso (Brasil, Parecer CNE/CEB nº 11, 2012).

A adequação do currículo à lógica dos eixos tecnológicos estruturantes dos itinerários formativos, propostos pela instituição educacional, obviamente, deve se orientar pelos princípios da flexibilidade, da interdisciplinaridade e da contextualização. Esses princípios devem orientar a instituição para utilizar sua autonomia no desenvolvimento de itinerários viáveis e oportunos para atender às demandas locais e regionais. Deve ser garantida a participação efetiva de seus docentes nessa definição, pois essa é a melhor forma de garantir congruência entre o planejamento e a execução (Brasil, Parecer CNE/CEB nº 11, 2012).

Assim, a organização curricular deve ser necessariamente flexível e atender às realidades locais. A flexibilidade curricular dá maior autonomia às escolas para definir suas programações de acordo com as realidades locais. Os currículos passam a ser construídos a partir da definição de um perfil profissional que possua identidade reconhecida no mercado de trabalho. Para tanto, a escola deve permanecer atenta à realidade, evitando, de um lado, o imediatismo e, de outro, a defasagem. Num mundo caracterizado por mudanças cada vez mais rápidas, o desafio consiste em manter sempre atualizadas as competências que regem a oferta da educação profissional, assim como itinerários formativos condizentes com o mercado de trabalho. O primeiro passo necessário à execução dessa tarefa é procurar compreender a relação existente entre o itinerário de profissionalização e o itinerário formativo, de modo a tornar mais precisos esses conceitos. Sendo assim, pode-se dizer que o itinerário de profissionalização é constituído pelo conjunto de ocupações com identidades bem definidas em determinada área profissional no mercado de trabalho, por exemplo, na própria Classificação Brasileira de Ocupações. Cada uma dessas ocupações exige competências com graus específicos de complexidade, o que permite vislumbrar percursos formativos, desde o nível básico até o superior. Desse modo, o itinerário de profissionalização fundamenta a construção de itinerários formativos. Na realidade, o itinerário de profissionalização pode ser identificado como o conjunto dos percursos formativos propiciados por uma instituição de educação profissional dentro de cada uma das diferentes áreas profissionais. A partir dos itinerários formativos os educandos, sejam eles trabalhadores, sejam candidatos a emprego, trabalho e renda, podem escolher entre diferentes alternativas de educação profissional disponíveis, numa perspectiva de educação continuada, conforme seus níveis de escolaridade, tanto na educação básica quanto na educação superior.

Ao planejar a educação profissional de um indivíduo ou de um grupo com características similares, é fundamental que a instituição de educação profissional considere seus históricos formativos como ponto de partida. A programação deve levar em conta o caráter das formações a serem ofertadas e suas perspectivas de constituição futura de trajetórias coesas, contínuas e progressivas. A construção de itinerários pode ser baseada em unidades que recebem nomes variados. Podem ser referentes ao tempo (bimestre, semestre, ano), a estágios (etapa, período, ciclo) ou a formas de obtenção (conclusão de curso ou módulo e certificação). Essas unidades podem apresentar autonomia e complexidade variáveis. É possível que algumas unidades tenham terminalidade, com certificados associados a uma ocupação existente. Pode ser, também, que alguns certificados juntos possibilitem a obtenção de diplomas ou documentos equivalentes, para comprovar estudos realizados e franquear direito a atividades profissionais ou acesso a cursos mais abrangentes. A educação profissional organizada em itinerários formativos pode promover a qualidade social da educação; pode elevar a qualificação social dos estudantes; pode ampliar as possibilidades de inserção ou reinserção ocupacional dos estudantes; pode promover mobilidade social e profissional no mundo do trabalho. Para isso, os roteiros devem ir além da dimensão instrumental, e devem ser orientados por concepção crítica das relações existentes entre sociedade, trabalho, ciência, tecnologia, cultura e educação. A oferta dos cursos deve articular esforços das áreas da educação, do trabalho e da ciência e tecnologia. O trabalho precisa ter centralidade como princípio educativo. A prática e a teoria devem ser integradas como unidades autônomas e interdependentes que são. As referências nacionais para a oferta de educação profissional e tecnológica com base em itinerários formativos oferecem os parâmetros para sua organização.

Ranços e avanços

RANÇOS E AVANÇOS DAS LEIS
ORGÂNICAS PARA A EDUCAÇÃO
PROFISSIONAL.

RANÇOS E AVANÇOS DOS GOVERNOS
MILITARES EM RELAÇÃO À
PROFISSIONALIZAÇÃO.

RANÇOS E AVANÇOS NO ATUAL DEBATE
SOBRE EDUCAÇÃO PROFISSIONAL E
TECNOLÓGICA.

O título deste capítulo lembra o livro de Pedro Demo, denominado *A nova LDB: ranços e avanços*. Demo faz ali uma análise dos avanços que reconhece em nossa atual LDB e dos aspectos que considera os ranços remanescentes.

Neste capítulo trataremos mais dos aspectos da educação profissional que, em nossa opinião, evoluíram positivamente ao longo de nossa história, e dos ranços decorrentes principalmente do que em capítulo anterior tratamos como heranças malditas de nosso processo de desenvolvimento como nação: escravismo, patrimonialismo e cartorialismo.

Na história da educação profissional brasileira houve constante prevalência do dualismo na orientação prioritária para as "elites condutoras" e na mera "formação de mão de obra" como limite máximo de alguma educação para a maioria da população. Isso levou até ao absurdo de se considerar o ensino normal (formação de professores primários) e a educação superior sem qualquer relação com a educação profissional. O trabalho sempre foi mais associado ao esforço físico e à ideia de sofrimento, talvez por inspiração na tradição mítica do "paraíso perdido". O vínculo entre educação escolar e trabalho não era reconhecido. A atividade econômica predominante não requeria educação formal ou profissional para sucesso das atividades produtivas. O caráter assistencialista predominou nas decisões circunstanciais de nossa história dos primórdios da educação profissional brasileira.

Até meados dos anos 1970, a formação profissional era mais restrita ao treinamento para a produção padronizada em série. Havia maioria de operários semiqualificados, que realizavam principalmente tarefas simples e rotineiras, previamente especificadas e delimitadas. Apenas uma minoria precisava desempenhar atividades mais complexas. Havia pouca autonomia para o trabalhador. Apenas nos quadros gerenciais havia controle do conhecimento técnico e organizacional. A baixa escolaridade dos trabalhadores não era considerada como restrição importante para a expansão econômica.

No século XIX, os escassos esforços governamentais em relação à educação profissional foram prioritariamente assistencialistas, como já abordamos em outros capítulos e está muito bem detalhado no Parecer CNE/CEB nº 16/99.

A essência do traço assistencialista se manteve no início do século XX, embora já com um esforço público inicial de organização da formação profissional orientada para preparar operários para o exercício profissional.

A mudança da educação profissional para o Ministério da Agricultura, Indústria e Comércio em 1906 já foi resultado do incentivo governamental republicano ao desenvolvimento do ensino agrícola, industrial e comercial. A instalação distribuída das escolas de aprendizes artífices em várias unidades da Federação na segunda década do século XX indicou o início da definição de uma estrutura nacional para a educação profissional, embrião da atual Rede Federal de Educação Profissional e Tecnológica. As escolas ferroviárias também foram um marco positivo a ser destacado, como já fizemos em capítulo próprio (Brasil, Parecer CNE/CEB nº 16, 1999).

Nos anos 1930, a chamada Reforma Francisco Campos, já analisada neste livro, trouxe como destaques os decretos que regulamentaram a organização do ensino secundário e do ensino profissional comercial, neste último caso junto à regulamentação da profissão de contador.

O Manifesto dos Pioneiros da Educação Nova, de 1932, apresentou diagnóstico crítico e sugeriu políticas educacionais que proporcionassem as mesmas oportunidades para todos e que possibilitassem especializações, sobre a base de uma cultura geral comum (Azevedo, 2006). A V Conferência Nacional de Educação, também de 1932, teve reflexos na Assembleia Nacional Constituinte de 1933. A Constituição de 1934 estabeleceu que a União deveria definir diretrizes e formalizar o Plano Nacional de Educação. Consideramos que isso foi um avanço em políticas públicas para a educação em geral.

Como já vimos em capítulos anteriores, a Constituição outorgada de 1937 abandonou muito do que fora definido em 1934, mas inovou ao incluir as escolas vocacionais e pré-vocacionais como um "dever do Estado" para com as "classes menos favorecidas" (art. 129). Os decretos-lei de 1942, 1943 e 1946, conhecidos como Leis Orgânicas da Educação Nacional, também trouxeram alguns avanços e mantiveram alguns ranços históricos. Nós consideramos a criação do Senai em 1942 e do Senac em 1946 como crédito na coluna dos avanços (Brasil, Parecer CNE/CEB nº 16, 1999).

Com essas providências, o ensino profissional se consolidou no Brasil, embora ainda continuasse a ser preconceituosamente considerado como uma educação de segunda categoria.

Nossa história em geral e a história particular da educação profissional apresentam um movimento pendular, no qual os avanços convivem com ranços e se intercalam com alguns retrocessos, ao sabor das crises econômicas e das correntes políticas no controle do poder governamental.

No início da República, o ensino secundário, o normal e o superior eram geridos pelo Ministério da Justiça e dos Negócios Interiores e o ensino profissional estava na alçada do Ministério da Agricultura, Indústria e Comércio. Na era Vargas, houve junção formal de todas essas modalidades educacionais no Ministério da Educação e Saúde Pública, mas isso foi insuficiente para permitir flexibilidade na circulação de estudos acadêmicos e profissionais, possibilitando melhor aproveitamento de estudos similares em cursos do mesmo nível, valorizando-os para fins de continuidade em níveis superiores.

A equivalência entre os estudos acadêmicos e profissionalizantes só foi viabilizada formalmente nos anos 1950. Isso diminuiu parcialmente a rigidez entre a educação geral (acadêmica, prioritária para os ricos) e a educação profissional, e até mesmo entre segmentos da própria educação profissional. Como já apresentamos no capítulo Linha do tempo, as Leis nº 1.076/50 e 1821/53 dedicaram-se às regras para aproveitar as equivalências relativas e cuidar para que os avanços não permitissem abusos.

A equivalência plena para todos os cursos do mesmo nível, sem necessidade de exames e provas de conhecimentos, só foi definida na primeira LDB, a Lei nº 4.024/61. Com essa primeira LDB, "todos os ramos e modalidades de ensino passaram a ser equivalentes, para fins de continuidade de estudos em níveis subsequentes" (Brasil, Parecer CNE/CEB nº 16, 1999).

Nas décadas de 1970 e 1980 foram elaborados muitos estudos sobre os impactos das novas tecnologias. Esses estudos revelaram a exigência de profissionais mais polivalentes, capazes de interagir em situações novas e em ambientes com mudanças frequentes. Escolas e instituições de educação profissional buscaram diversificar programas e cursos profissionais, para atender às novas áreas e melhorar a qualidade da oferta.

A Lei nº 5.692/71 trouxe a educação profissional para uma pauta supostamente positiva, mas a introdução generalizada de cursos técnicos no segundo grau foi realizada sem preservar a carga horária destinada à educação geral. Além disso, houve desmantelamento de grande parte das redes públicas de ensino técnico, assim como "a descaracterização das redes do ensino secundário e normal mantidas por estados e municípios" (Brasil, Parecer CNE/CEB nº 16, 1999). Como corolário negativo, foi criada uma falsa imagem da educação profissional como solução para os problemas de emprego. Muitos cursos foram criados mais por imposição legal e motivação político-eleitoral do que por demandas reais da sociedade. Isso não interferiu diretamente na qualidade da educação profissional das instituições especializadas, mas interferiu nos sistemas públicos de ensino, que não receberam o necessário apoio para oferecer um ensino profissional de qualidade compatível com as exigências de desenvolvimento do país. A Lei nº 7.044/82 tentou atenuar os efeitos mais negativos da reforma anterior, tornando a profissionalização facultativa, mas teve consequências ambíguas. Na prática foi um retrocesso, com as redes especializadas oferecendo educação técnica e as escolas secundárias retomando seus currículos orientados para os vestibulares aos cursos superiores.

Esse foi mais um capítulo de ranços e retrocessos do que de avanços da educação brasileira, congregando política geral com interesses criticáveis na área educacional. O ensino acadêmico foi muitas vezes acompanhado de um arremedo de profissionalização, denominado "habilitações básicas", generalistas e inócuas. No Conselho Nacional de Educação eu sempre ficava muito constrangido quando recebia consulta de algum formando nessas habilitações, questionando quais seriam os seus direitos, em termos profissionais. Na realidade, tais habilitações não geravam qualquer direito profissional, pois eram apenas de "conteúdo profissionalizante" e não objetivavam a efetiva habilitação profissional técnica.

A atual LDB procurou definir uma clara identidade para o ensino médio. Ele é apresentado como uma etapa de conclusão da educação básica, de consolidação dos conhecimentos constituídos no ensino fundamental e de preparação geral para o trabalho e a cidadania do educando. A educação profissional também está agora contemplada com finalidade orientada para o "desenvolvimento de aptidões para a vida produtiva". Isso representou uma superação formal de enfoques históricos da educação profissional, bem como dos preconceitos subjacentes (Brasil, Parecer CNE/CEB nº 16, 1999). Assim, essa concepção representa o grande avanço da atual LDB em relação à educação profissional. Ao mesmo tempo, ainda germina um certo ranço de nossas heranças malditas, já referidas nesta obra, cuja superação é um dos nossos grandes desafios educacionais do momento atual. Em nosso ponto de vista, para ser superado, esse desafio deve ser assumido verdadeiramente como uma questão de honra e de brio profissional, especialmente por parte dos profissionais da educação que se dedicam prioritariamente ao desenvolvimento da Educação Profissional e Tecnológica.

Articulação curricular

ARTICULAÇÃO ENTRE EDUCAÇÃO BÁSICA (ENSINO FUNDAMENTAL E MÉDIO, REGULARMENTE OFERECIDOS OU EM PROGRAMAS DE EDUCAÇÃO DE JOVENS E ADULTOS) E EDUCAÇÃO PROFISSIONAL E TECNOLÓGICA.

ARTICULAÇÃO ENTRE AS GRADUAÇÕES E COM OS CURSOS SEQUENCIAIS NA EDUCAÇÃO SUPERIOR: EDUCAÇÃO TECNOLÓGICA, BACHARELADOS E LICENCIATURAS.

A atual legislação e demais normas educacionais vigentes no Brasil permitem e estimulam a articulação curricular em todos os níveis educacionais, especialmente entre o ensino médio e a educação profissional. Já foram superados os entraves legais históricos para transição entre modalidades de oferta do ensino médio, para aproveitamento de estudos e de experiências do trabalho em cursos técnicos ou na educação superior, para transferências entre escolas com estruturas curriculares diferentes.

Nas práticas correntes, entretanto, a fragmentação curricular é muito mais frequente. Essa fragmentação chega a ser a tal ponto exagerada que ocorre até no interior de disciplinas e de outros componentes curriculares. As possibilidades de aproveitamento de estudos e de experiências, necessariamente incluídas na maioria dos planos de cursos, na prática escolar raramente são efetivamente aproveitadas pelos estudantes, seja por excesso de burocracia no interior das escolas ou das redes educacionais, seja por falta de reivindicação dos estudantes, que ignoram o que podem solicitar e como acessar esses direitos.

A questão essencial num debate conceitual sobre currículos ou na organização de um desenho curricular concreto é o que deve ser ensinado e o que deve ser aprendido. Isso pressupõe reflexões e decisões sobre finalidades da educação, sobre metodologias, sobre quem pode definir temas e conteúdos, bem como sobre relações de poder envolvidas. Todas essas questões também impactam as dificuldades e as facilidades para articulação curricular entre diferentes instâncias de cursos. Interesses expressos ou camuflados frequentemente dificultam a viabilização de propostas para flexibilizar processos e possibilitar inovações.

A fragmentação em disciplinas científicas é estratégia dominante para ampliar o conhecimento humano. Sua geração, sistematização e acúmulo ocorrem preferencialmente nas disciplinas científicas particulares ou em campos especializados. O método científico procura reduzir a complexidade do real. Divide o todo em partes cada vez menores. As especializações decorrem desse procedimento. Quanto mais restrito é o objeto de conhecimento, mais rigoroso o conhecimento é considerado, nesse modelo de pensamento chamado de científico. A maioria das áreas de conhecimento está orientada por esse modelo que começa a ser questionado (Küller & Moraes, 2016).

A fragmentação curricular é resultante do método de produção e organização do conhecimento científico, mas é também produzida e agravada pela transposição didática que é feita por muitos educadores. A transposição didática organiza linearmente os conhecimentos disciplinares, que são transformados em conteúdo de aprendizagem. Essa passagem do conhecimento científico para uma disciplina do currículo escolar é uma transformação desse saber científico em saber escolar. Frequentemente essa nova forma de saber transformado perde a visão de conjunto e de contexto quando é apresentada numa forma desconectada da prática profissional, até mesmo por não reconhecer os saberes presentes no mundo do trabalho. Como herança do escravismo que, vergonhosamente, dominou o Brasil por séculos, não se reconhece facilmente que o trabalho é pleno de saberes da maior importância.

A transposição didática reproduz dentro de cada disciplina a fragmentação que já existe entre as diferentes disciplinas. Alguns conjuntos de informação são subdivididos em pequenas unidades. O livro didático sintetiza essa forma de transposição didática e organização dos conteúdos disciplinares. Assim, a organização didática do conhecimento no interior das disciplinas acentua a fragmentação (Küller & Moraes, 2016).

A questão das disciplinas a serem incluídas é muito presente nas discussões curriculares. Isso ocorre porque quase sempre apenas o conhecimento acadêmico e disciplinarmente produzido é reconhecido como relevante (Küller & Moraes, 2016). A interdisciplinaridade é a maneira mais usual como tentativa de articulação ou de integração curricular, tanto no corpo de um dado currículo de curso quanto nas tentativas de articulação entre currículos de cursos complementares ou estruturantes de um itinerário formativo individual ou grupal.

A separação entre educação geral e educação profissional decorre da divisão do conjunto dos conhecimentos que constituem o saber escolar, numa visão tradicional do currículo. Essa visão entende o saber escolar como o conteúdo resultante da transposição didática do conhecimento humano sistematizado. Na forma convencional do conhecimento científico, todo conhecimento sistematizado é especializado e, portanto, é também disciplinar.

A integração curricular entre educação geral e educação profissional é posta como um problema porque não se admite que toda educação geral é também profissional, e que toda educação profissional é também formação humana integral (Kuenzer, 2002).

Quando a visão de educação e as práticas educativas são mais amplas e mais polivalentes, as necessidades de articulação ou de integração curricular são resolvidas mais naturalmente. Infelizmente, isso ainda é muito raro, apesar de todo o empenho normativo para facilitar essas possibilidades.

Na educação superior, as principais possibilidades de articulação curricular passam principalmente pela flexibilização dos projetos pedagógicos para as matrículas de estudantes de um dado curso em disciplinas da estrutura curricular de outro curso da mesma universidade ou de outra universidade parceira ou credenciada. Essa opção é parte da abertura para que estudantes individuais ou grupos de estudantes organizem seus itinerários formativos.

Nessa mesma linha, a avaliação de competências constituídas pelo trabalhador pode ser utilizada para aproveitamento de estudos, dispensa de componentes curriculares ou certificação profissional. Tanto a atual LDB quanto muitos pareceres e resoluções do Conselho Nacional de Educação permitem e até estimulam procedimentos de avaliação de competências. Um dos exemplos mais significativos no campo da educação básica é dado pelo Parecer CNE/CEB nº 40, de 8 de dezembro de 2004, e no campo da educação superior é dado pelo Parecer CNE/CP nº 29/02, que trata das diretrizes curriculares nacionais gerais dos cursos de graduação no nível de tecnólogo. Esses pareceres, dos quais fui relator, são explícitos ao destacar que os estudantes regularmente matriculados, tanto no curso técnico de nível médio quanto em cursos de tecnologia, podem requerer aproveitamento de competências já desenvolvidas e vinculadas ao perfil profissional indicado no respectivo plano do curso. O Parecer CNE/CP nº 29/02 destaca, por exemplo, que as competências podem ter sido desenvolvidas em cursos técnicos, em outros cursos superiores ou no mundo do trabalho. A própria instituição ofertante deve estabelecer as formas de avaliação dessas competências, mas a avaliação deve ser personalizada, e não apenas concluída com base em análise de ementas curriculares.

A análise da aplicação efetiva das possibilidades de aproveitamento de estudos indica que é mais comum que as instituições de ensino superior optem por criar barreiras e dificuldades para acesso às possibilidades de avaliação de competências para essa finalidade. Se isso ocorre nos cursos de tecnologia, que são mais abertos em suas diretrizes, em outras áreas de graduação as análises de pleitos para aproveitamento de competências são ainda mais carregadas de muros e paredes do que de pontes.

Uma possibilidade aberta pelas normas educacionais brasileiras que teve aplicação quase nula é em relação aos chamados cursos sequenciais por campos do saber no nível superior. Poderiam ser utilizados em articulação curricular com cursos de graduação tecnológica, bacharelados ou licenciaturas. Como essa articulação não se viabilizou, os raros cursos que não tinham ou não têm identidade relevante ficaram no papel, com raras exceções, que serão mais adequadamente caracterizáveis como cursos de extensão.

Sobre as distinções a serem feitas entre os cursos sequenciais e os cursos de graduação em tecnologia, o Parecer CNE/CP nº 29/02 não precisaria ser mais claro, ao definir que:

> Nos termos da legislação educacional atual, os cursos superiores de tecnologia não podem e nem devem ser confundidos com os cursos sequenciais por campos do saber. São de natureza distinta e com objetivos diversos. Os cursos sequenciais por campos do saber, de destinação individual ou coletiva, são, essencialmente, não sujeitos a qualquer regulamentação curricular. São livremente organizados, para atender a necessidades emergenciais ou específicas dos cidadãos, das organizações e da sociedade. A flexibilidade, neste caso, é total, dependendo das condições da instituição educacional e das demandas identificadas. Não cabem amarras e regulamentações curriculares a cursos desta natureza e, em consequência, também não geram direitos específicos, para além da respectiva certificação. Não devem, portanto, ter oferta cristalizada. O aproveitamento de estudos realizados em cursos sequenciais para fins de continuidade de estudos em outros cursos regulares, tanto no nível técnico quanto no nível tecnológico ou em outros cursos de graduação, depende, é claro, da avaliação individual do aluno em cada caso, à luz do perfil profissional de conclusão do curso no qual se pleiteia o devido aproveitamento de estudos, segundo o que prescreve o Artigo 41 da LDB. (Brasil, Parecer CNE/CP nº 29, 2002)

Profissões técnicas
e tecnológicas

EDUCAÇÃO PROFISSIONAL E
TECNOLÓGICA E O DESAFIO DA
PREPARAÇÃO PARA O EXERCÍCIO DE
PROFISSÕES TÉCNICAS DE NÍVEL
MÉDIO E DE NÍVEL SUPERIOR
(TECNÓLOGOS).

Nas mais de 1.500 páginas do livro *O conceito de tecnologia*, uma publicação póstuma, Álvaro Vieira Pinto (2005) analisa em profundidade, além dos conceitos de técnica e de tecnologia, um grande conjunto de interfaces da tecnologia com a própria definição de ser humano, com as características das sociedades contemporâneas e com suas estruturas sociotécnicas. Não é viável resumir com pertinência trabalho de tal alcance e profundidade nesta síntese, mas cabe-nos recomendar sua leitura para quem quiser aprofundar o entendimento do tema.

A evolução das máquinas e ferramentas, com a demanda crescente pela incorporação das tecnologias envolvidas, apresenta um desafio permanente aos docentes e aos gestores da educação profissional. Há movimentos contraditórios na evolução tecnológica. Alguns equipamentos e programas informatizados retiram demandas de competências técnicas dos trabalhadores, mas outras demandas se apresentam, especialmente, para que os profissionais possam decidir sobre caminhos alternativos quando há falhas ou incongruências nas informações apresentadas por sistemas automatizados. Um avião com piloto automático voa "melhor" do que em operação manual quando há normalidade num voo de rotina, mas o piloto precisa estar ainda mais bem preparado para situações imprevistas em cuja ocorrência ainda não foi possível programar o piloto automático. Essa afirmação é mais do que uma metáfora. É fenômeno que ocorre em muitas profissões técnicas de nível médio ou de nível superior. O profissional qualificado de uma grande empresa industrial e o gerente de uma agência bancária ou de uma rede varejista, assim como o piloto de um voo comercial, operam sistemas com muitas operações estruturadas previstas e programadas, mas o que faz a diferença essencial entre o profissional competente e o apertador de teclas e botões é a capacidade de perceber nuances que fogem à rotina dos sistemas para corrigir pequenos desvios ou prevenir grandes desastres. Isso demanda muito mais do que meras informações decoradas e oportunamente recuperadas. Nesse tipo de capacidade baseado em arquivo e memória, os sistemas informatizados já são mais eficientes do que os humanos individuais ou até mesmo um grupo de trabalhadores em atuação coordenada. O que faz a diferença é a capacidade de análise e solução de problemas que envolvem competências complementares ao processamento bruto de arquivos de dados e rotinas de processos.

Na medida em que a educação profissional evoluiu do treinamento mais operacional para o desenvolvimento de saberes práticos bem fundamentados por conhecimento científico e tecnológico, as profissões mais valorizadas e fundamentais para o desenvolvimento socioeconômico também passaram a exigir mais consistência organizativa e a ter como pré-requisitos competências gerais mais consistentes e bem fundamentadas. Muitas profissões que dispensavam qualquer escolaridade prévia são atualmente regulamentadas como exclusivas para quem tem diploma de cursos técnicos de nível médio ou mesmo de nível superior. Nós (os autores deste livro) somos de uma geração nascida em sua maioria pelas mãos de parteiras analfabetas ou com escolaridade mínima. Hoje, a exigência legal mínima para o apoio a uma parturiente em evolução normal é a de profissional com habilitação de técnico em enfermagem e especialização em obstetrícia. O mais comum e o esperado pela maioria da população é que essa assistência seja feita por um médico com especialização em obstetrícia. Ou seja, em muitos setores profissionais, a escolaridade mínima passou da inexigibilidade para a exigência de pós-graduação.

Muitas profissões se desenvolveram com base na evolução tecnológica do segmento e suscitaram o aparecimento e a disseminação de ramificações diversas, tanto no nível educacional médio como no nível superior. Muitas delas são ocupações técnicas ou tecnológicas que surgiram nas últimas décadas ou mesmo apenas nos anos mais recentes. As profissões "técnicas" clássicas de nível superior – engenharias, medicina, direito e equivalentes – não dão conta das demandas recentes, salvo numa elite insuficiente de especialistas com "grife" que só atendem diretamente uns poucos privilegiados. Mas há ainda muitas ocupações para as quais os graduados e pós-graduados dos cursos tradicionais não desenvolveram competências e dependem de profissionais técnicos ou tecnólogos para informar o diagnóstico para seus projetos ou intervenções, ou para executar seus projetos ou prescrições.

A Classificação Brasileira de Ocupações, que é administrada pelo Ministério do Trabalho e Emprego, e conta com ampla rede de colaboradores nas universidades, procura classificar as ocupações no mercado de trabalho para fins de registro administrativo e domiciliar. Sua estrutura está baseada atualmente em 10 grandes grupos que, por sua vez, se dividem em 47 subgrupos principais, 192 subgrupos, 596 grupos de base ou famílias e 2.422 ocupações. Os dez grandes grupos estão listados a seguir.

1. Forças armadas, policiais e bombeiros militares.
2. Membros superiores do poder público, dirigentes de organizações de interesse público e gerentes.
3. Profissionais das ciências e das artes.
4. Técnicos de nível médio.
5. Trabalhadores de serviços administrativos.
6. Trabalhadores dos serviços, vendedores do comércio em lojas e mercados.

7. Trabalhadores agropecuários, florestais, da caça e pesca.

8. Trabalhadores da produção de bens e serviços industriais (sistemas discretos).

9. Trabalhadores da produção de bens e serviços industriais (sistemas contínuos).

10. Trabalhadores de manutenção e reparação.

Na área de educação profissional, atualmente a classificação da oferta está estruturada com base em treze eixos tecnológicos seguintes.

1. Ambiente e saúde.

2. Controle e processos industriais.

3. Desenvolvimento educacional e social.

4. Gestão e negócios.

5. Informação e comunicação.

6. Infraestrutura.

7. Militar.

8. Produção alimentícia.

9. Produção cultural e *design*.

10. Produção industrial.

11. Recursos naturais.

12. Segurança.

13. Turismo, hospitalidade e lazer.

A Capes organiza as áreas do conhecimento com as quais trabalha a partir de uma tabela que apresenta hierarquização em quatro níveis, do mais geral ao mais específico, abrangendo nove grandes áreas nas quais se distribuem as 48 áreas de avaliação da Capes. Essas áreas de avaliação, por sua vez, estão agrupadas em áreas básicas (ou áreas do conhecimento), subdivididas em subáreas e especialidades, dessa forma:

- 1º nível – grande área: aglomeração de diversas áreas do conhecimento, em virtude da afinidade de seus objetos, métodos cognitivos e recursos instrumentais, refletindo contextos sociopolíticos específicos;

- 2º nível – área do conhecimento (área básica): conjunto de conhecimentos inter-relacionados, coletivamente construído, formado segundo a natureza do objeto de investigação, com finalidades de ensino, pesquisa e aplicação prática;
- 3º nível – subárea: segmentação da área do conhecimento (ou área básica): estabelecida em função do objeto de estudo e de procedimentos metodológicos reconhecidos e amplamente utilizados;
- 4º nível – especialidade: caracterização temática da atividade de pesquisa e ensino. Uma mesma especialidade pode ser enquadrada em diferentes grandes áreas, áreas básicas e subáreas.

A simples leitura das três listas já indica que há poucas convergências de critérios classificatórios, muitas decisões arbitrárias e muitas redundâncias, o que sempre gera dificuldades para alocar os casos particulares.

Atualmente o Brasil tem dois catálogos para listar um conjunto de cursos de educação profissional e tecnológica, que estão em constante evolução: o Catálogo Nacional de Cursos Técnicos (CNCT) e o Catálogo Nacional de Cursos Superiores de Tecnologia (CNCST). Ambos estão em sua terceira edição, publicada em 2016, após ampla consulta às instituições educacionais.

A versão 2016 do CNCT apresenta 227 títulos de cursos técnicos de nível médio distribuídos nos 13 eixos tecnológicos, junto a uma tabela de conversão para enquadrar variações de denominação para cursos considerados muito similares. Cada curso apresenta descrição sumarizada do perfil profissional de conclusão, infraestrutura mínima requerida para oferta, campo de atuação, ocupações CBO associadas, normas associadas ao exercício profissional, possibilidades de certificação intermediária em cursos de qualificação profissional no itinerário formativo, possibilidades de formação continuada em cursos de especialização técnica no itinerário formativo, possibilidades de verticalização para cursos de graduação no itinerário formativo. Esse último item indica cursos de graduação tanto para formação de tecnólogos como para bacharelados ou licenciaturas congruentes com o perfil de conclusão do curso técnico.

O CNCST 2016 apresenta 134 títulos de cursos superiores de tecnologia devidamente catalogados nos 13 eixos tecnológicos, com seus descritores atualizados. Em modo similar ao do CNCT, cada curso está descrito com perfil profissional de conclusão, infraestrutura mínima, carga horária mínima (1.200, 2.000 ou 2.400 horas), campo de atuação, ocupações CBO associadas e possibilidades de prosseguimento de estudos na pós-graduação. Essa última indicação é um dos maiores facilitadores para a construção de itinerários formativos pelos estudantes.

Os cursos de graduação de bacharelado utilizam essencialmente a mesma lógica de classificação por áreas de conhecimento, já utilizada pela Capes para a organização das pesquisas e dos programas de mestrado e doutorado, na etapa da pós-graduação, tomando-se como referência básica suas 48 áreas de conhecimento. As licenciaturas utilizam outra lógica classificatória, bem menos estruturada, mais próxima das áreas de conhecimento da tabela da Capes. Seria muito mais adequado e lógico que utilizassem como referencial básico as áreas de conhecimento utilizadas pelas diretrizes curriculares nacionais definidas pelo Conselho Nacional de Educação, por etapa e modalidade de ensino e educação, guardando mais coerência com as Diretrizes e Bases definidas pela Lei nº 9.394/96. O Conselho Nacional de Educação, desde seus primeiros documentos normativos sobre diretrizes curriculares nacionais, tem utilizado como referenciais as seguintes áreas do conhecimento: linguagens, códigos e suas tecnologias; ciências humanas e suas tecnologias; ciências da natureza, matemática e suas tecnologias. Posteriormente, a matemática foi considerada uma quarta área, em separado das ciências da natureza. Entretanto, as licenciaturas continuaram sendo oferecidas, com raríssimas exceções, por disciplinas específicas, e não por áreas do conhecimento. Esta é uma questão muito delicada, pois deixa transparente a enorme distância existente entre a realidade própria da universidade e das demais instituições de educação superior e suas preocupações quanto à formação dos professores para atuar na educação básica, cujos alunos posteriormente recebem em seus cursos superiores. Esse é um assunto diretamente ligado ao debate atual sobre a Base Nacional Comum Curricular, que está envolvendo todos os sistemas de ensino, da União, dos estados, do Distrito Federal e dos municípios, bem como, mais diretamente, os dispositivos da Lei nº 13.415/17, que propõe currículos organizados segundo a lógica de itinerários formativos por áreas do conhecimento e áreas profissionais, e não mais por disciplinas específicas, como ainda persiste nas licenciaturas. Ainda está faltando muito diálogo entre os educadores dos dois níveis de ensino e educação previstos na atual LDB.

Normas educacionais e profissões regulamentadas

ARTICULAÇÃO OU CONFLITO ENTRE
NORMAS DO CONSELHO NACIONAL
DE EDUCAÇÃO E DOS CONSELHOS
DE FISCALIZAÇÃO DAS PROFISSÕES
REGULAMENTADAS.

Nossa Constituição afirma que "todos são iguais perante a lei" e que "é livre o exercício de qualquer trabalho, ofício ou profissão, atendidas as qualificações que a lei estabelecer" (art. 5º, inciso XIII).

Sem entrar no mérito da ironia corrente que replica que alguns são mais iguais do que outros, cabe aqui lembrar que o cartorialismo já denunciado como uma de nossas heranças malditas levou a uma grande quantidade de exceções para o livre exercício profissional. O Brasil certamente é um dos países com maior quantidade de profissões regulamentadas, a maioria procurando restringir as possibilidades de exercício profissional por quem não integra o clube de privilegiados. Alguns casos são comuns à maioria das nações, mas há outros mais que têm o mesmo DNA da jabuticaba e só grassam por aqui.

A CBO apresenta 68 profissões já regulamentadas no Brasil: 1. administrador; 2. advogado; 3. aeronauta; 4. arquivista / técnico de arquivo; 5. artista / técnico em espetáculos de diversões; 6. assistente social; 7. atleta profissional de futebol; 8. atuário; 9. bibliotecário; 10. biomédico; 11. biólogo; 12. bombeiro civil; 13. comerciário;

14. contabilista; 15. corretor de imóveis; 16. corretor de seguros; 17. despachante aduaneiro; 18. engenheiro / arquiteto / agrônomo; 19. economista doméstico; 20. economista; 21. educação física (sic); 22. empregado doméstico; 23. enfermagem (enfermeiro, técnico de enfermagem, auxiliar de enfermagem e parteiro); 24. enólogo; 25. engenharia de segurança (sic); 26. estatístico; 27. fisioterapeuta e terapeuta ocupacional; 28. farmacêutico; 29. fonoaudiólogo; 30. garimpeiro; 31. geógrafo; 32. geólogo; 33. guardador e lavador de veículos; 34. instrutor de trânsito; 35. jornalista; 36. leiloeiro; 37. leiloeiro rural; 38. mãe social; 39. massagista; 40. médico; 41. medicina veterinária (sic); 42. mototaxista e motoboy; 43. museólogo; 44. músico; 45. nutricionista; 46. oceanógrafo; 47. odontologia (sic); 48. orientador educacional; 49. peão de rodeio; 50. pescador profissional; 51. psicologia (sic); 52. publicitário / agenciador de propaganda; 53. químico; 54. radialista; 55. relações públicas; 56. representantes comerciais autônomos; 57. repentista; 58. secretário / secretário executivo e técnico em secretariado; 59. sociólogo; 60. *sommelier*; 61. taxista; 62. tradutor e intérprete da Língua Brasileira de Sinais – Libras; 63. técnico em administração; 64. técnico industrial; 65. técnico em prótese dentária; 66. técnico em radiologia; 67. turismólogo; 68. zootecnista (Brasil, MTE, 2007-2017).

A leitura da listagem de profissões regulamentadas e das normas correspondentes traz material que permitiria ao saudoso Sérgio Porto escrever volumosa versão enésima para seu clássico *Febeapá*.[2] A listagem é pouco padronizada formalmente, apresenta famílias ocupacionais em alguns títulos, tem redundâncias e incoerências, e envolve profissões com demandas muito variadas de qualificação. As motivações para a regulamentação são também muito variadas; só em poucos casos são efetivamente consistentes. Em diversos casos, a regulamentação inclui a criação de conselhos de fiscalização profissional, com um conselho federal e representações estaduais semiautônomas.

---

2   *Febeapá – O festival de besteira que assola o país* é o título do primeiro livro de uma série de três do autor brasileiro Sérgio Porto. O primeiro volume foi publicado originalmente em 1966 e reúne os textos que ele publicou com o heterônimo de Stanislaw Ponte Preta. Eram crônicas que revelavam com humor fatos ocorridos após o Golpe Militar de 1964.

Alguns conselhos e ordens profissionais são mais atuantes e procuram ir além da fiscalização do exercício profissional. Buscam, em especial, controlar e dificultar a formação de novos profissionais, que são concorrentes potenciais. Essa função corporativa é quase sempre justificada ou mascarada como defesa da sociedade e busca de garantia de serviços adequados para a população.

A Ordem dos Advogados do Brasil (OAB) foi o primeiro conselho de fiscalização profissional que garantiu desde o início uma barreira legal adicional à exigência de diploma para o exercício profissional, com o famoso exame da Ordem, muito concorrido.

Os contabilistas conseguiram aprovar a exigência de um exame de suficiência, além do diploma de ciências contábeis, uma espécie de jabuti inserido no art. 76 da eclética Lei nº 12.249, de 11 de junho de 2010.

A área médica conseguiu incluir barreira similar para os estudantes que ingressaram nos cursos em 2015. Esse caso é um pouco diferente porque está inserido no processo de avaliação nacional seriada dos estudantes de Medicina e foi regulamentado por lei específica e pelas instâncias do MEC, obviamente em negociações que envolveram o Conselho Federal de Medicina (CFM) e os Conselhos Regionais de Medicina (CRMs). Entretanto, conseguiram o seu intento de servir de barreira para os formandos menos preparados. Outros conselhos e ordens não tiveram a mesma sorte.

Outras carreiras de profissões regulamentadas também almejam impor restrições adicionais às exigências educacionais para acesso ao clube restrito das respectivas corporações. A rigor, todos os conselhos do exercício profissional sonham com essa possibilidade.

Quando procuram regulamentar e até inibir ou proibir os cursos de educação profissional correspondentes às profissões que fiscalizam, os conselhos de fiscalização do exercício profissional entram na área de responsabilidade do Conselho Nacional de Educação. Participei, pelo CNE, de muitas reuniões e negociações com representantes de diversos conselhos nacionais de fiscalização do exercício profissional.

É muito frequente a ocorrência de consultas ao CNE por parte de escolas de educação profissional, incluindo instituições de ensino superior, que solicitam orientações em decorrência de ingerência direta de conselhos regionais de alguma profissão regulamentada que tentam controlar os currículos e impedir a atuação de docentes neles registrados ou negam o registro profissional dos diplomados.

O Congresso Nacional está debatendo atualmente, já em fase final de votação em plenário, o Projeto de Lei nº 2.245/07, que regulamenta a profissão de tecnólogo e dá outras providências. Esse é o típico projeto gerador de polêmicas, razão pela qual está tramitando há quase dez anos. Jogam contra a aprovação do projeto de lei em questão todos aqueles que foram contra a definição das atuais diretrizes curriculares nacionais gerais para a graduação tecnológica. O futuro dirá o que acontecerá com esse projeto de lei, que está vivenciando o conhecido jogo do "cabo de guerra".

Estágio profissional supervisionado

ESTÁGIO PROFISSIONAL SUPERVISIONADO: PRIMEIRO EMPREGO OU ATO EDUCATIVO DE RESPONSABILIDADE PARTILHADA ENTRE INSTITUIÇÕES EDUCACIONAIS E INSTITUIÇÕES DO MUNDO DO TRABALHO?

Os estágios profissionais supervisionados são essenciais para uma boa transição entre os estudos e o ingresso efetivo no mundo do trabalho em ocupação ou profissão correspondente.

A empresa ou organização que recebe um estagiário exerce papel importante de agente educacional, com maior foco na aprendizagem vivencial ou prática em contextos relevantes e apropriados ao desenvolvimento acadêmico e profissional dos estudantes.

O conceito de estágio supervisionado consolidou-se no Brasil entre 1942 e 1946, com as Leis Orgânicas do Ensino Profissional, bem como com sua inclusão no art. 428 da Consolidação das Leis do Trabalho (CLT), aprovada pelo Decreto-Lei nº 5.452, de 1º de maio de 1943. Os estágios supervisionados atendiam recomendação da Organização Internacional do Trabalho, como preparação para postos de trabalho e ligação entre a teoria e a prática. Os estágios deveriam proporcionar oportunidades para que os alunos pudessem manter contato direto com o mundo do trabalho, uma vez que, no ambiente escolar, nos laboratórios e nos ambientes educacionais especializados, essa prática profissional era incompleta, mesmo quando envolvia prática simulada e orientada.

Os estágios profissionais são regulados por legislação específica desde 7 de dezembro de 1977, quando foi aprovada a Lei nº 6.494/77. Atualmente, essa regulamentação está atualizada pela Lei nº 11.788/08, também chamada de "nova Lei do Estágio". Essa nova legislação regulamentadora deixa claro que não há vínculo empregatício nas situações comprovadas de estágio associado a cursos e programas educacionais regulamentados. O propósito dessa desvinculação é estimular as empresas e outras organizações para que as mesmas assumam seu papel educacional em relação aos jovens estudantes. Entretanto, como algumas das atividades realizadas por estagiários são necessariamente similares às que caracterizam o trabalho de profissionais empregados ou autônomos, é necessário fixar indicadores objetivos e restrições que evitem o uso da abertura legal para exploração de candidatos ao primeiro emprego.

É muito comum que os próprios estudantes confundam o estágio profissional supervisionado e remunerado como primeiro emprego, por alguns aspectos operacionais similares entre o estágio e os contratos de aprendizagem regulados pela Lei do Aprendiz (Lei nº 10.097, de 19 de dezembro de 2000). Muitos jovens não distinguem as sutilezas legais do vínculo empregatício e consideram que todo trabalho numa empresa ou organização de qualquer natureza é um emprego formal.

Os estágios não são obrigatórios para as empresas, nem geram vínculo empregatício quando corretamente configurados. Entretanto, inegavelmente, eles representam uma primeira porta de ingresso no mundo do trabalho e podem facilitar o ingresso efetivo a um primeiro emprego, com mais chances de permanência e progresso profissional. Nesses termos, representa efetivos ganhos tanto para os futuros trabalhadores quanto para seus empregadores.

O Ministério do Trabalho e Emprego (MTE) e o Ministério Público do Trabalho há bastante tempo já vêm demonstrando grande preocupação com usos inadequados do estágio, especialmente em relação ao ensino médio e também quanto à educação profissional técnica de nível médio sem a adequada supervisão de instituições educacionais, que devem assumir essas atividades como curriculares, na condição de atos educativos de sua responsabilidade. Muitas empresas e algumas organizações do terceiro setor foram autuadas por exploração de trabalho sem vínculo empregatício, camuflado como estágio. Desde 2002 o Conselho Nacional de Educação tem participado de reuniões com representantes dos Ministérios da Educação e do Trabalho e Emprego, os quais sempre contaram com a participação de convidados especiais interessados na realização de estágios supervisionados que realmente façam a diferença no processo formativo dos alunos em termos de "qualificação para o trabalho". A Câmara de Educação Básica do Conselho Nacional de Educação sempre participou desse debate sobre a regulamentação da oferta de atividades de estágio supervisionado dos alunos do ensino médio e da educação profissional técnica de nível médio. Esse assunto, de natureza bastante polêmica, já havia sido exaustivamente debatido também em reuniões regionais do Fórum Nacional de Conselhos Estaduais de Educação e do Conselho Nacional de Secretários Estaduais de Educação (Consed). Em 2002, o Ministério Público do Trabalho apresentou a esses colegiados e ao CNE um relatório final elaborado por uma comissão temática mista sobre estágio, no qual havia demanda para identificar uma solução educacional para garantir que o estágio curricular fosse efetivamente supervisionado e evitar que se tornasse mera oportunidade de exploração de mão de obra mais barata. Essa garantia era considerada essencial para assegurar a natureza formativa da atividade de estágio, vinculando-a ao projeto pedagógico da instituição educacional. A preocupação maior naquele momento era com as atividades de estágio dos alunos do ensino médio, pois as instituições de educação profissional e de educação superior, em sua esmagadora maioria, já entendiam que o estágio profissional deveria ser um **ato educativo** de sua responsabilidade, a ser intencionalmente assumido.

Com base no documento encaminhado pelo Ministério Público do Trabalho e em demandas congruentes dos diversos atores envolvidos, a Câmara de Educação Básica do CNE pôde elaborar uma primeira norma específica sobre o assunto.

Desde o início de minha atuação no CNE, participei de comissões e grupos de estudos e de trabalho dedicados a tratar dos estágios supervisionados. Fui relator do Parecer CNE/CEB nº 35, de 5 de novembro de 2003, em parceria com o conselheiro Ataíde Alves. Esse Parecer e a Resolução CNE/CEB nº 1/04, que dele resultou, regulamentaram "a organização e a realização de estágio de alunos da educação profissional e do ensino médio, inclusive nas modalidades de educação especial e de educação de jovens e adultos".

Essas normas provocaram polêmica nos meios educacionais e empresariais, especialmente quanto às restrições sobre a carga horária do estágio curricular de estudantes do ensino médio. As reclamações mais fortes foram desenvolvidas no âmbito das organizações e empresas que atuavam com a intermediação entre escolas e empresas na organização das oportunidades de realização de estágios.

Os Ministérios da Educação e do Trabalho e Emprego, assim como as instituições dedicadas à educação profissional e tecnológica, receberam muito bem os documentos normativos. Até as instituições de educação superior, embora não estivessem diretamente abrangidas pelas normas, passaram a utilizar esses documentos como referenciais para a oferta das respectivas atividades curriculares de estágio supervisionado. Assim, cada vez mais o estágio curricular passou a ser intencionalmente assumido como ato educativo, sob responsabilidade dessas instituições educacionais com seus estudantes.

A partir de questionamentos ao CNE por parte de algumas instituições de educação superior sobre a aplicabilidade de normas para o estágio supervisionado em cursos de tecnologia e outros cursos de graduação, em novembro de 2004 foi instalada pelo Conselho Pleno do CNE uma comissão bicameral, com representantes da Câmara de Educação Básica e da Câmara de Educação Superior para estudar o tema com enfoque ampliado. O resultado desse estudo poderia até promover alterações nas normas específicas já definidas pelo CNE, para promover maior abrangência e incluir todos os níveis e modalidades de ensino.

Em paralelo, os Ministérios da Educação e do Trabalho e Emprego também se articularam para alterar o marco legal e normativo da oferta das atividades curriculares de estágio supervisionado. Isso levou à interrupção estratégica dos debates no Conselho Nacional de Educação. A proposta inicial que já estava sendo elaborada pelo CNE foi encaminhada ao Ministério da Educação como subsídio aos estudos desenvolvidos no âmbito dos dois Ministérios. Após tramitação polêmica no Congresso Nacional, envolvendo mais de quatro anos de debates, finalmente foi aprovada a Lei nº 11.788/08. Essa lei regulamentou o estágio de estudantes de todos os níveis e modalidades de ensino e para isso promoveu ajustes na CLT e em outras leis e normas envolvidas com o tema. Em síntese, nessa nova lei, ficou claramente caracterizado que o estágio de estudantes deve ser assumido como "ato educativo escolar supervisionado", desenvolvido no ambiente de trabalho e caracterizado como "parte do projeto pedagógico do curso, além de integrar o itinerário formativo do educando". Os aspectos essenciais da Resolução CNE/CEB nº 1/04 e do Parecer CNE/CEB nº 35/03 foram assumidos como orientação normativa básica pela Lei nº 11.788/08.

Em 26 de março de 2009, o Conselho Pleno do CNE novamente constituiu uma Comissão Especial Bicameral para estudo e elaboração de novas diretrizes operacionais, de caráter nacional, sobre a oferta de atividades de estágio supervisionado de estudantes de todos os níveis e modalidades de ensino. Fui novamente escolhido como relator do tema e cheguei a elaborar diversas minutas de Parecer e respectiva Resolução. Infelizmente, todas elas geraram muitas polêmicas sobre detalhes da proposta de regulamentação, que acabaram estendendo os debates por longos sete anos, e meu segundo mandato terminou em junho de 2016, infelizmente, antes da aprovação final do Parecer e da Resolução, que integraram a pauta de votação do Conselho Pleno e tiveram os seus termos exaustivamente debatidos, mas sem ser votados, por conta de regimental pedido de vista do processo, o qual inegavelmente adia a solução da decisão normativa. Até a finalização dos originais deste livro, o assunto continuava pendente no CNE.

A proposta final de Parecer aprovada em 6 de junho de 2016 e encaminhada ao Conselho Pleno do CNE pela Comissão Especial Bicameral inclui um projeto de Resolução que define diretrizes operacionais para organizar e realizar todas as formas de estágio curricular supervisionado de estudantes em diferentes níveis e modalidades educacionais: educação profissional e tecnológica; educação de jovens e adultos; ensino médio, educação especial e educação superior, nas etapas da graduação e da pós-graduação.

Bibliografia

AMIN AUR, B. "Educação profissional: desenvolvimento de competências profissionais e socioemocionais". Em *Boletim Técnico Senac: a revista da educação profissional*, 41(1), pp. 112-123. Rio de Janeiro: Senac Nacional, jan.-abr. de 2015. Disponível em www.bts.senac.br/index.php/bts/article/view/60. Acesso em 2-8-2017.

_____. "Integração entre o ensino médio e a educação profissional". Em: REGATTIERI, Marilza & CASTRO, Jane Margareth (orgs.). *Ensino médio e educação profissional – desafios da integração*. Brasília: Unesco, 2009. Disponível em http://unesdoc.unesco.org/images/0019/001923/192356POR.pdf. Acesso em 2-8-2017.

ARAÚJO NETO, Adalberto Coutinho de. *Sorocaba operária: ensaio sobre o início do movimento operário em Sorocaba 1897-1920*. Sorocaba: LINC, 2005.

ARROYO, Miguel G. "As relações sociais da escola e a formação do trabalhador". Em FERRETTI, Celso João *et al. Trabalho, formação e currículo: para onde vai a escola?* São Paulo: Xamã, 1999.

ASSOCIAÇÃO BRASILEIRA DE ESTÁGIOS (ABRES). *Site institucional.* Disponível em http://www.abres.org.br/. Acesso em 3-8-2017.

AZANHA, José Mário Pires. *A formação do professor e outros escritos*. São Paulo: Editora Senac São Paulo, 2006.

AZEVEDO, Fernando de. *A cultura brasileira: introdução ao estudo da cultura no Brasil*. São Paulo: Companhia Editora Nacional, 1944.

_____ *et al.* "O Manifesto dos Pioneiros da Educação Nova (1932)". Em *Revista HISTEDBR on-line*, nº especial, pp. 188-204. Campinas: Unicamp, agosto de 2006. Disponível em http://www.histedbr.fe.unicamp.br/revista/edicoes/22e/doc1_22e.pdf. Acesso em 2-8-2017.

BAHIA. Secretaria da Educação. *Site institucional. Rede Estadual de Educação Profissional e Tecnológica*. Disponível em http://escolas.educacao.ba.gov.br/redeep. Acesso em 2-8-2017.

BARATO, Jarbas Novelino. *Educação Profissional: saberes do ócio ou saberes do trabalho?* São Paulo: Editora Senac São Paulo, 2004.

_____. *Escritos sobre tecnologia educacional & educação profissional.* São Paulo: Editora Senac São Paulo, 2002.

_____. *Fazer bem feito: valores em educação profissional e tecnológica.* Brasília: Unesco, 2015.

BARBOSA, Rui. "Reforma do ensino primário e várias instituições complementares da instrução pública". Em *Obras completas.* Rio de Janeiro: Ministério da Educação e Saúde, 1947.

BATISTA, Eraldo Leme. *O Instituto de Organização Racional do Trabalho – Idort, como instituição educacional nas décadas de 1930 e 1940 no Brasil.* Campinas: FE/Unicamp, s/d. Disponível em http://www.histedbr. fe.unicamp.br/acer_histedbr/jornada/jornada11/artigos/10/artigo_simposio_10_569_eraldo_batista@hotmail.com.pdf. Acesso em 2-8-2017.

BATISTA, Roberto Leme. *A ideologia da nova educação profissional no contexto da reestruturação produtiva.* São Paulo: Cultura Acadêmica/ Unesp, 2011. Disponível em http://www.culturaacademica.com.br/_img/ arquivos/A_ideologia_da_nova_educacao_profissional_no_contexto_da_ reestruturacao_produtiva.pdf. Acesso em 2-8-2017.

BAUMAN, Zygmunt. *Modernidade líquida.* Rio de Janeiro: Jorge Zahar, 2001.

BERMAN, Marshall. *Tudo que é sólido se desmancha no ar.* São Paulo: Companhia das Letras, 1986.

BOFF, Leonardo. *Saber cuidar: ética do humano – compaixão pela terra.* Petrópolis: Vozes, 1999.

BONADIO, Geraldo. *Sorocaba: a cidade industrial (Espaço urbano e vida social sob o impacto da atividade fabril).* Sorocaba: Edição do Autor, 2004.

BOSCHETTI, Vânia Regina. "O curso ferroviário da estrada de ferro Sorocabana". Em *Revista Histedbr on-line*, n⁰ 23, pp. 46-58. Campinas: Unicamp, setembro de 2006. Disponível em http://www.histedbr. fe.unicamp.br/revista/edicoes/23/art04_23.pdf. Acesso em 2-8-2017.

BRASIL. Decreto n⁰ 346, de 19 de abril de 1890. Cria a Secretaria de Estado dos Negócios da Instrução Pública, dos Correios e Telégrafos. Rio de Janeiro, 1890. Disponível em http://www2.camara.leg.br/legin/fed/decret/1824-1899/decreto-346-19-abril-1890-513750-publicacaooriginal-1- -pe.html. Acesso em 2-8-2017.

_____. Decreto n⁰ 981, de 8 de novembro de 1890. Aprova o regulamento da instrução primária e secundária do Distrito Federal. Rio de Janeiro, 1890. Disponível em http://www2.camara.leg.br/legin/fed/decret/1824-1899/

BIBLIOGRAFIA

decreto-981-8-novembro-1890-515376-publicacaooriginal-1-pe.html. Acesso em 2-8-2017.

_____. Decreto nº 7.566, de 23 de setembro de 1909. Cria nas capitais dos estados da República Escolas de Aprendizes Artífices, para o ensino profissional primário e gratuito. Rio de Janeiro, 1909. Disponível em http://www2.camara.leg.br/legin/fed/decret/1900-1909/decreto-7566-23-setembro-1909-525411-publicacaooriginal-1-pe.html. Acesso em 2-8-2017.

_____. Decreto nº 5.241, de 22 de agosto de 1927. Cria o ensino profissional obrigatório [...] e dá outras providências. Rio de Janeiro, 1927. Disponível em http://www2.camara.leg.br/legin/fed/decret/1920-1929/decreto-5241-22-agosto-1927-563163-publicacaooriginal-87295-pl.html. Acesso em 2-8-2017.

_____. Decreto nº 19.402, de 14 de novembro de 1930. Cria uma Secretaria de Estado com a denominação de Ministério dos Negócios da Educação e Saúde Pública. Rio de Janeiro, 1930. Disponível em http://www2.camara.leg.br/legin/fed/decret/1930-1939/decreto-19402-14-novembro-1930--515729-publicacaooriginal-1-pe.html. Acesso em 2-8-2017.

_____. Decreto nº 19.850, de 11 de abril de 1931. Cria o Conselho Nacional de Educação. Rio de Janeiro, 1931. Disponível em http://www2.camara.leg.br/legin/fed/decret/1930-1939/decreto-19850-11-abril-1931--515692-publicacaooriginal-1-pe.html. Acesso em 2-8-2017.

_____. Decreto nº 19.890, de 18 de abril de 1931. Dispõe sobre a organização do ensino secundário. Rio de Janeiro, 1931. Disponível em http://www2.camara.leg.br/legin/fed/decret/1930-1939/decreto-19890-18-abril-1931--504631-publicacaooriginal-141245-pe.html. Acesso em 2-8-2017.

_____. Decreto nº 20.158, de 30 de junho de 1931. Organiza o ensino comercial, regulamenta a profissão de contador e dá outras providências. Rio de Janeiro, 1931. Disponível em *http://www2.camara.leg.br/legin/fed/decret/1930-1939/decreto-20158-30-junho-1931-536778-republicacao-81246--pe.html*. Acesso em 2-8-2017.

_____. Decreto nº 21.241, de 4 de abril de 1932. *Lei Francisco Campos*. Consolida as disposições sobre a organização do ensino secundário e dá outras providências. Rio de Janeiro, 1932. Disponível em http://www2.camara.leg.br/legin/fed/decret/1930-1939/decreto-21241-4-abril-1932--503517-norma-pe.html. Acesso em 2-8-2017.

_____. Decreto nº 21.303, de 18 de abril de 1932. Autoriza a criação da Universidade Técnica de São Paulo e dá outras providências. Rio de Janeiro, 1932. Disponível em http://www2.camara.leg.br/legin/fed/decret/1930-1939/decreto-21303-18-abril-1932-508444-publicacaooriginal-1-pe.html. Acesso em 2-8-2017.

_____. Decreto nº 34.330, de 21 de outubro de 1953. Regulamenta a Lei nº 1.821, de 12 de março de 1953. Rio de Janeiro, 1953. Disponível em http://www2.camara.leg.br/legin/fed/decret/1950-1959/decreto-34330-21-outubro-1953-326101-republicacao-60374-pe.html. Acesso em 2-8-2017.

_____. Decreto nº 77.354, de 31 de março de 1976. Dispõe sobre a criação [...] do Serviço Nacional de Formação Profissional Rural [...] e dá outras providências. Brasília, DF, 1976. Disponível em http://www2.camara.leg.br/legin/fed/decret/1970-1979/decreto-77354-31-marco-1976-426006-norma-pe.html. Acesso em 2-8-2017.

_____. Decreto nº 77.362, de 1º de abril de 1976. Dispõe sobre a instituição e organização do Sistema Nacional de Formação de Mão de Obra e dá outras providências. Brasília, 1976. Disponível em http://www2.camara.leg.br/legin/fed/decret/1970-1979/decreto-77362-1-abril-1976-426025-publicacaooriginal-1-pe.html. Acesso em 2-8-2017.

_____. Decreto nº 97.333, de 21 de dezembro de 1988. Autoriza o funcionamento do curso superior de tecnologia em hotelaria do Instituto Superior de Hotelaria e Turismo, em São Paulo, estado de São Paulo. Brasília, DF, 1988. Disponível em https://www.planalto.gov.br/ccivil_03/decreto/1980-1989/d97333.htm. Acesso em 2-8-2017.

_____. Decreto nº 99.570, de 9 de outubro de 1990. Desvincula da Administração Pública Federal o Centro Brasileiro de Apoio à Pequena e Média Empresa (Cebrae), transformando-o em serviço social autônomo. Brasília, DF, 1990. Disponível em http://www.planalto.gov.br/ccivil_03/decreto/D99570.htm. Acesso em 2-8-2017.

_____. Decreto nº 2.208, de 17 de abril de 1997. Regulamenta o § 2º do art. 36 e os arts. 39 a 42 da Lei no 9.394, de 20 de dezembro de 1996, que estabelece as diretrizes e bases da educação nacional. Brasília, DF, 1997. Disponível em http://www.planalto.gov.br/ccivil_03/decreto/D2208.htm. Acesso em 2-8-2017.

_____. Decreto nº 2.406, de 27 de novembro de 1997. Regulamenta a Lei Federal nº 8.948/94 (trata de Centros de Educação Tecnológica). Brasília, DF, 1997. Disponível em http://www2.camara.leg.br/legin/fed/decret/1997/decreto-2406-27-novembro-1997-400709-publicacaooriginal-1-pe.html. Acesso em 2-8-2017.

_____. Decreto nº 5.154, de 23 de julho de 2004. Regulamenta o § 2º do art. 36 e os arts. 39 a 41 da Lei nº 9.394, [...] de 1996, que estabelece as diretrizes e bases da educação nacional [...]. Brasília, DF, 2004. Disponível em http://www.planalto.gov.br/ccivil_03/_Ato2004-2006/2004/Decreto/D5154.htm. Acesso em 2-8-2017.

_____. Decreto nº 5.662, de 19 de dezembro de 2005. Regulamenta o art. 80 da Lei nº 9.394, [...] de 1996, que estabelece as diretrizes e bases da educação nacional. Brasília: DF, 2006. Disponível em http://www.planalto.gov.br/ccivil_03/_ato2004-2006/2005/decreto/d5622.htm. Acesso em 2-8-2017.

_____. Decreto nº 5.773, de 9 de maio de 2006. Dispõe sobre o exercício das funções de regulação, supervisão e avaliação de instituições de educação superior e cursos superiores de graduação e sequenciais no sistema federal de ensino. Brasília, DF, 2006. Disponível em http://portal.mec.gov.br/seed/arquivos/pdf/legislacao/decreton57731.pdf. Acesso em 2-8-2017.

_____. Decreto nº 6.303, de 12 de dezembro de 2007. Altera dispositivos dos Decretos nºs 5.622 [...] e 5.773 [...]. Brasília: DF, 2007. Disponível em http://www.planalto.gov.br/ccivil_03/_ato2007-2010/2007/decreto/d6303.htm. Acesso em 2-8-2017.

_____. Decreto nº 6.861, de 27 de maio de 2009. Dispõe sobre a Educação Escolar Indígena, define sua organização em territórios etnoeducacionais, e dá outras providências. Brasília, DF, 2009. Disponível em http://www.planalto.gov.br/ccivil_03/_ato2007-2010/2009/decreto/d6861.htm. Acesso em 2-8-2017.

_____. Decreto nº 7.690, de 2 de março de 2012. Aprova a estrutura regimental e o quadro demonstrativo dos cargos em comissão e das funções gratificadas do Ministério da Educação. Brasília, DF, 2012. Disponível em http://www.planalto.gov.br/ccivil_03/_Ato2011-2014/2012/Decreto/D7690.htm. Acesso em 2-8-2017.

_____. Decreto nº 8.268, de 18 de junho de 2014. Altera o Decreto nº 5.154, de 23 de julho de 2004, que regulamenta o § 2º do art. 36 e os arts. 39 a 41 da Lei nº 9.394, de 20 de dezembro de 1996. Brasília, DF, 2014. Disponível em http://www.planalto.gov.br/ccivil_03/_Ato2011-2014/2014/Decreto/D8268.htm. Acesso em 2-8-2017.

_____. Decreto nº 9.057, de 25 de maio de 2017 (retificado em 30 de maio de 2017). Regulamenta o art. 80 da Lei nº 9.394, de 20 de dezembro de 1996, que estabelece as diretrizes e bases da educação nacional. Brasília, DF, 2017. Disponível em http://www.planalto.gov.br/ccivil_03/_ato2015-2018/2017/decreto/D9057.htm. Acesso em 2-8-2017.

_____. Decreto legislativo nº 46/81, de 23 de setembro de 1981. Aprova o texto da Convenção 142 da Organização Internacional do Trabalho [...]. Brasília, DF, 1999. Disponível em http://legis.senado.gov.br/legislacao/ListaPublicacoes.action?id=126875&tipoDocumento=DLG&tipoTexto=PUB. Acesso em 2-8-2017.

_____. Decreto-Lei nº 4.048, de 22 de janeiro de 1942. Cria o Serviço Nacional de Aprendizagem dos Industriários (SENAI). Rio de Janeiro, 1942. Disponível em http://www.planalto.gov.br/ccivil_03/decreto-lei/1937-1946/Del4048.htm. Acesso em 2-8-2017.

_____. Decreto-Lei nº 4.073, de 30 de janeiro de 1942. *Lei orgânica do ensino industrial.* Rio de Janeiro, 1942. Disponível em https://www.planalto.gov.br/ccivil_03/decreto-lei/1937-1946/Del4073.htm. Acesso em 2-8-2017.

_____. Decreto-Lei nº 4.119, de 21 de fevereiro de 1942. *Disposições transitórias para execução da lei orgânica do ensino industrial.* Rio de Janeiro, 1942. Disponível em http://www2.camara.leg.br/legin/fed/declei/1940-1949/decreto-lei-4119-21-fevereiro-1942-414099-publicacaooriginal-1-pe.html. Acesso em 2-8-2017.

_____. Decreto-Lei nº 4.127, de 25 de fevereiro de 1942. Estabelece as bases de organização da rede federal de estabelecimentos de ensino industrial. Rio de Janeiro, 1942. Disponível em http://www2.camara.leg.br/legin/fed/declei/1940-1949/decreto-lei-4127-25-fevereiro-1942-414123-publicacaooriginal-1-pe.html. Acesso em 2-8-2017.

_____. Decreto-Lei nº 4.244, de 9 de abril de 1942. *Lei orgânica do ensino secundário.* Rio de Janeiro, 1942. Disponível em http://www2.camara.leg.br/legin/fed/declei/1940-1949/decreto-lei-4244-9-abril-1942-414155-publicacaooriginal-1-pe.html. Acesso em 2-8-2017.

_____. Decreto-Lei nº 4.481, de 16 de julho de 1942. Dispõe sobre a aprendizagem dos industriários, estabelece deveres [...]. Rio de Janeiro, 1942. Disponível em http://www.planalto.gov.br/ccivil_03/decreto-lei/1937-1946/Del4481.htm. Acesso em 2-8-2017.

_____. Decreto-Lei nº 5.452, de 1º de maio de 1943. Aprova a Consolidação das Leis do Trabalho. Rio de Janeiro, 1943. Disponível em http://www.planalto.gov.br/ccivil_03/decreto-lei/Del5452.htm. Acesso em 2-8-2017.

_____. Decreto-Lei nº 6.141, de 28 de dezembro de 1943. *Lei Orgânica do Ensino Comercial.* Rio de Janeiro, 1943. Disponível em http://www2.camara.leg.br/legin/fed/declei/1940-1949/decreto-lei-6141-28-dezembro-1943-416183-publicacaooriginal-1-pe.html. Acesso em 2-8-2017.

_____. Decreto-Lei nº 8.529, de 2 de janeiro de 1946. *Lei orgânica do ensino primário.* Rio de Janeiro, 1946. Disponível em http://www2.camara.leg.br/legin/fed/declei/1940-1949/decreto-lei-8529-2-janeiro-1946-458442-publicacaooriginal-1-pe.html. Acesso em 2-8-2017.

_____. Decreto-Lei nº 8.530, de 2 de janeiro de 1946. *Lei orgânica do ensino normal.* Rio de Janeiro, 1946. Disponível em http://www2.camara.leg.br/legin/fed/declei/1940-1949/decreto-lei-8530-2-janeiro-1946-458443-publicacaooriginal-1-pe.html. Acesso em 2-8-2017.

_____. Decreto-Lei nº 8.621, de 10 de janeiro de 1946. Dispõe sobre a criação do Serviço Nacional de Aprendizagem Comercial e dá outras providências. Rio de Janeiro, 1946. Disponível em http://www.planalto.gov.br/ccivil_03/decreto-lei/1937-1946/Del8621.htm. Acesso em 2-8-2017.

_____. Decreto-Lei nº 8.622, de 10 de janeiro de 1946. Dispõe sobre a aprendizagem dos comerciários, estabelece deveres [...]. Rio de Janeiro, 1946. Disponível em http://www.planalto.gov.br/ccivil_03/decreto--lei/1937-1946/Del8622.htm. Acesso em 2-8-2017.

_____. Decreto-Lei nº 9.613, de 20 de agosto de 1946. *Lei Orgânica do Ensino Agrícola*. Rio de Janeiro, 1946. Disponível em http://www2.camara.leg.br/legin/fed/declei/1940-1949/decreto-lei-9613-20-agosto-1946--453681-norma-pe.html. Acesso em 2-8-2017.

_____. Lei nº 378, de 13 de janeiro de 1937. Dá nova organização ao Ministério da Educação e Saúde Pública. Rio de Janeiro, 1937. Disponível em http://www.planalto.gov.br/Ccivil_03/LEIS/1930-1949/L0378.htm. Acesso em 2-8-2017.

_____. Lei nº 1.076, de 31 de março de 1950. Assegura aos estudantes que concluírem curso de primeiro ciclo do ensino comercial, industrial ou agrícola, o direito à matrícula nos cursos clássico e científico e dá outras providências. Rio de Janeiro, 1950. Disponível em http://www2.camara.leg.br/legin/fed/lei/1950-1959/lei-1076-31-marco-1950-363480-publicacaooriginal-1-pl.html. Acesso em 2-8-2017.

_____. Lei nº 1.821, de 12 de março de 1953. Dispõe sobre o regime de equivalência entre diversos cursos de grau médio para efeito de matrícula no ciclo colegial e nos cursos superiores. Rio de Janeiro, 1953. Disponível em http://www2.camara.leg.br/legin/fed/lei/1950-1959/lei-1821-12-marco-1953-366631-normaatualizada-pl.html. Acesso em 2-8-2017.

_____. Lei nº 4.024, de 20 de dezembro de 1961 (LDB). Fixa as Diretrizes e Bases da Educação Nacional. Brasília, DF, 1961. Disponível em http://www.planalto.gov.br/ccivil_03/leis/L4024.htm. Acesso em 2-8-2017.

_____. Lei nº 5.540, de 28 de novembro de 1968. Fixa normas de organização e funcionamento do ensino superior e sua articulação com a escola média, e dá outras providências. Brasília, DF, 1961. Disponível em https://www.planalto.gov.br/ccivil_03/leis/L5540.htm. Acesso em 2-8-2017.

_____. Lei nº 5.692, de 11 de agosto de 1971. Fixa Diretrizes e Bases para o ensino de 1º e 2º graus, e dá outras providências. Brasília, DF, 1971. Disponível em https://www.planalto.gov.br/ccivil_03/leis/L5692.htm. Acesso em 2-8-2017.

_____. Lei nº 6.297, de 15 de dezembro de 1975. Dispõe sobre a dedução do lucro tributável, para fins de imposto sobre a renda das pessoas jurídicas, do dobro das despesas realizadas em projetos de formação profissional, e dá outras providências. Brasília, DF, 1975. Disponível em https://www.planalto.gov.br/ccivil_03/leis/1970-1979/L6297.htm. Acesso em 2-8-2017.

_____. Lei nº 6.344, de 6 de julho de 1976. Cria o Centro de Educação Tecnológica da Bahia e dá outras providências. Brasília, DF, 1976. Disponível em http://www2.camara.leg.br/legin/fed/lei/1970-1979/lei-6344-6-julho-1976-357702-publicacaooriginal-1-pl.html. Acesso em 2-8-2017.

_____. Lei nº 6.494, de 7 de dezembro de 1977. Dispõe sobre os estágios de estudantes de estabelecimento de ensino superior e ensino profissionalizante do 2º Grau e Supletivo e dá outras providências. Brasília, DF, 1977. Disponível em http://www.planalto.gov.br/ccivil_03/leis/L6494.htm. Acesso em 2-8-2017.

_____. Lei nº 6.545, de 30 de junho de 1978. Dispõe sobre a transformação das Escolas Técnicas Federais de Minas Gerais, do Paraná e Celso Suckow da Fonseca em Centros Federais de Educação Tecnológica e dá outras providências. Brasília, DF, 1978. Disponível em http://www2.camara.leg.br/legin/fed/lei/1970-1979/lei-6545-30-junho-1978-366492-norma-pl.html. Acesso em 2-8-2017.

_____. Lei nº 7.044, de 18 de outubro de 1982. Altera dispositivos da Lei nº 5.692, de 11 de agosto de 1971, referentes à profissionalização do ensino de 2º grau. Brasília, DF, 1982. Disponível em https://www.planalto.gov.br/ccivil_03/leis/L7044.htm. Acesso em 2-8-2017.

_____. Lei nº 8.029, de 12 de abril de 1990. Dispõe sobre a extinção e dissolução de entidades da administração Pública Federal, e dá outras providências. Brasília, DF, 1990. Disponível em http://www.planalto.gov.br/ccivil_03/leis/L8029cons.htm. Acesso em 2-8-2017.

_____. Lei nº 8.315, de 23 de dezembro de 1991. Dispõe sobre a criação do Serviço Nacional de Aprendizagem Rural (Senar) nos termos do art. 62 do Ato das Disposições Constitucionais Transitórias. Brasília, DF, 1991. Disponível em http://www.planalto.gov.br/ccivil_03/leis/L8315.htm. Acesso em 2-8-2017.

_____. Lei nº 8.706, de 14 de setembro de 1993. Dispõe sobre a criação do Serviço Social do Transporte - SEST e do Serviço Nacional de Aprendizagem do Transporte - SENAT. Brasília, DF, 1993. Disponível em https://www.planalto.gov.br/ccivil_03/Leis/1989_1994/L8706.htm. Acesso em 2-8-2017.

_____. Lei nº 8.948, de 8 de junho de 1994. Dispõe sobre a instituição do Sistema Nacional de Educação Tecnológica e dá outras providências. Brasília, DF, 1994. Disponível em http://www.planalto.gov.br/ccivil_03/leis/L8948.htm. Acesso em 2-8-2017.

_____. Lei nº 9.394, de 20 de dezembro de 1996 (LDB). Estabelece as diretrizes e bases da educação nacional. Brasília, DF, 1996. Disponível em http://www.planalto.gov.br/ccivil_03/Leis/L9394.htm. Acesso em 2-8-2017.

_____. Lei nº 9.424, de 24 de dezembro de 1996. Dispõe sobre o Fundo de Manutenção e Desenvolvimento do Ensino Fundamental e de Valorização do Magistério, na forma prevista no art. 60, § 7º, do Ato das Disposições Constitucionais Transitórias, e dá outras providências. Brasília, DF, 1996. Disponível em http://www.planalto.gov.br/ccivil_03/leis/L9424.htm. Acesso em 2-8-2017.

_____. Lei nº 10.097, de 19 de dezembro de 2000. Altera dispositivos da Consolidação das Leis do Trabalho – CLT, aprovada pelo Decreto-Lei nº 5.452, de 1º de maio de 1943. Brasília, DF, 2000. Disponível em http://www.planalto.gov.br/Ccivil_03/Leis/L10097.htm. Acesso em 2-8-2017.

_____. Lei nº 11.129, de 30 de junho de 2005. Institui o Programa Nacional de Inclusão de Jovens – ProJovem; cria o Conselho Nacional da Juventude – CNJ e a Secretaria Nacional de Juventude; [...]. Brasília, DF, 2005. Disponível em http://www.planalto.gov.br/ccivil_03/_Ato2004-2006/2005/Lei/L11129.htm. Acesso em 2-8-2017.

_____. Lei nº 11.494, de 20 de junho de 2007. Regulamenta o Fundo de Manutenção e Desenvolvimento da Educação Básica e de Valorização dos Profissionais da Educação – FUNDEB, [...]. Brasília, DF, 2007. Disponível em http://www.planalto.gov.br/ccivil_03/_Ato2007-2010/2007/Lei/L11494.htm. Acesso em 2-8-2017.

_____. Lei nº 11.645, de 10 de março de 2008. Altera a Lei nº 9.394, [...] para incluir [...] obrigatoriedade da temática "História e Cultura Afro-Brasileira e Indígena". Brasília, DF, 2008. Disponível em http://www.planalto.gov.br/ccivil_03/_ato2007-2010/2008/lei/l11645.htm. Acesso em 2-8-2017.

_____. Lei nº 11.741, de 16 de julho de 2008. Altera dispositivos da Lei nº 9.394, [...] para redimensionar, institucionalizar e integrar as ações da educação profissional técnica de nível médio, da educação de jovens e adultos e da educação profissional e tecnológica. Brasília, DF, 2008. Disponível em http://www.planalto.gov.br/ccivil_03/_Ato2007-2010/2008/Lei/L11741.htm. Acesso em 2-8-2017.

_____. Lei nº 11.788, de 25 de setembro de 2008. Dispõe sobre o estágio de estudantes; [...] e dá outras providências. Brasília, DF, 2008. Disponível em http://www.planalto.gov.br/ccivil_03/_ato2007-2010/2008/lei/l11788.htm. Acesso em 2-8-2017.

_____. Lei nº 11.892, de 29 de dezembro de 2008. Institui a rede federal de educação profissional, científica e tecnológica, cria os Institutos Federais de Educação, Ciência e Tecnologia, e dá outras providências. Brasília, DF, 2008. Disponível em http://www.planalto.gov.br/ccivil_03/_ato2007-2010/2008/lei/l11892.htm. Acesso em 2-8-2017.

_____. Lei nº 12.249, de 11 de junho de 2010. Institui o Regime Especial de Incentivos [...] altera as Leis [...], os Decretos-Leis nº 9.295, de 27 de maio de 1946; e dá outras providências. Brasília, DF, 2010. Disponível em http://www.planalto.gov.br/ccivil_03/_ato2007-2010/2010/lei/l12249.htm. Acesso em 2-8-2017.

_____. Lei nº 12.513, de 26 de outubro de 2011. Institui o Programa Nacional de Acesso ao Ensino Técnico e Emprego (Pronatec); altera as Leis [...] e dá outras providências. Brasília, DF, 2011. Disponível em http://www.planalto.gov.br/ccivil_03/_ato2011-2014/2011/lei/l12513.htm. Acesso em 2-8-2017.

_____. Lei nº 12.796, de 4 de abril de 2013. Altera a Lei nº 9.394, [...] para dispor sobre a formação dos profissionais da educação e dar outras providências. Brasília, DF, 2013. Disponível em http://www.planalto.gov.br/ccivil_03/_ato2011-2014/2013/lei/l12796.htm. Acesso em 2-8-2017.

_____. Lei nº 12.816, de 5 de junho de 2013. Altera as Leis nºs 12.513, [...] para ampliar o rol de beneficiários e ofertantes [...], no âmbito do Pronatec, [...]. Brasília, DF, 2013. Disponível em http://www.planalto.gov.br/ccivil_03/_ato2011-2014/2013/Lei/L12816.htm. Acesso em 2-8-2017.

_____. Lei nº 12.960, de 27 de abril de 2014. Altera a Lei nº 9.394, [...] para fazer constar a exigência de manifestação de órgão normativo do sistema de ensino para o fechamento de escolas do campo, indígenas e quilombolas. Brasília, DF, 2014. Disponível em http://www.planalto.gov.br/ccivil_03/_ato2011-2014/2014/lei/l12960.htm. Acesso em 2-8-2017.

_____. Lei nº 13.005, de 25 de junho de 2014. Aprova o Plano Nacional de Educação – PNE e dá outras providências. Brasília, DF, 2014. Disponível em https://www.planalto.gov.br/ccivil_03/_ato2011-2014/2014/lei/l13005.htm. Acesso em 2-8-2017.

_____. Lei nº 13.415, de 16 de fevereiro de 2017. Conversão da Medida Provisória nº 746, de 2016. Altera as Leis nºs 9.394 [...] e 11.494 [...] e institui a Política de Fomento à Implementação de Escolas de Ensino Médio em Tempo Integral. Brasília, DF, 2017. Disponível em https://www.planalto.gov.br/ccivil_03/_Ato2015-2018/2017/Lei/L13415.htm. Acesso em 2-8-2017.

_____. Medida Provisória nº 1.715, de 3 de setembro de 1998. [...] autoriza a criação do Serviço Nacional de Aprendizagem do Cooperativismo – Sescoop, e dá outras providências. Brasília, DF, 1998. Disponível em http://www2.camara.leg.br/legin/fed/medpro/1998/medidaprovisoria-1715-3-setembro-1998-365524-norma-pe.html. Acesso em 2-8-2017.

_____. Medida Provisória nº 746, de 22 de setembro de 2016. Institui a Política de Fomento à Implementação de Escolas de Ensino Médio em Tempo Integral, altera a Lei nº 9.394, [...] e dá outras providências. Brasília,

DF, 1998. Disponível em https://www.planalto.gov.br/ccivil_03/_Ato2015-2018/2016/Mpv/mpv746.htm. Acesso em 2-8-2017.

_____. PL 2.245/2007. Projeto de lei. Regulamenta a profissão de Tecnólogo e dá outras providências. Brasília, DF, 2007. Disponível em http://www.camara.gov.br/proposicoesWeb/fichadetramitacao?idProposicao=372560. Acesso em 3-8-2017.

_____. Ministério da Educação. *Plano Nacional de Educação (PNE). Site institucional.* Disponível em http://pne.mec.gov.br/. Acesso em 2-8-2017.

_____. Ministério da Educação. *Portaria nº 727, de 13 de junho de 2017.* Estabelece novas diretrizes, novos parâmetros e critérios para o Programa de Fomento às Escolas de Ensino Médio em Tempo Integral - EMTI, em conformidade com a Lei nº 13.415, de 16 de fevereiro de 2017. Brasília, DF, 2017. Disponível em http://www.lex.com.br/legis_27442769_PORTARIA_N_727_DE_13_DE_JUNHO_DE_2017.aspx. Acesso em 2-8-2017.

_____. Ministério da Educação. *Site institucional.* Disponível em http://portal.mec.gov.br/. Acesso em 2-8-2017.

_____. Ministério da Educação. Conselho Federal de Educação. "Parecer CFE nº 60, de 9 de fevereiro de 1963. Currículos mínimos de engenheiros de operação." Em *Documenta nº 12*, pp. 51-53. Brasília, MEC/CFE, março de 1963.

_____. Ministério da Educação. Conselho Federal de Educação. "Parecer CFE nº 25, de 4 de fevereiro de 1965. Currículos mínimos. Currículos dos cursos de engenheiros de operação." Em *Documenta nº 34*, pp. 92-93. Brasília: MEC/CFE, fevereiro de 1965.

_____. Ministério da Educação. Conselho Federal de Educação. Parecer CFE nº 45, de 12 de janeiro de 1972. *A qualificação para o trabalho no ensino de 2º grau. O mínimo a ser exigido em cada habilitação profissional.* Brasília, DF, 1972. Disponível em http://siau.edunet.sp.gov.br/ItemLise/arquivos/notas/parcfe45_72.doc. Acesso em 2-8-2017.

_____. Ministério da Educação. Conselho Nacional de Educação. Parecer CNE/CEB nº 17, de 3 de dezembro de 1997. *Diretrizes operacionais para a educação profissional em nível nacional.* Brasília, DF, 1997. Disponível em http://portal.mec.gov.br/cne/arquivos/pdf/1997/pceb017_97.pdf. Acesso em 2-8-2017.

_____. Ministério da Educação. Conselho Nacional de Educação. Parecer CNE/CEB nº 4, de 29 de janeiro de 1998. *Diretrizes curriculares nacionais para o ensino fundamental.* Brasília, DF, 1998. Disponível em http://portal.mec.gov.br/cne/arquivos/pdf/1998/pceb004_98.pdf. Acesso em 2-8-2017.

_____. Ministério da Educação. Conselho Nacional de Educação. Parecer CNE/CEB nº 15, de 1º de junho de 1998. *Diretrizes curriculares nacionais para o ensino médio*. Brasília, DF, 1998. Disponível em http://portal.mec.gov.br/cne/arquivos/pdf/1998/pceb015_98.pdf. Acesso em 2-8-2017.

_____. Ministério da Educação. Conselho Nacional de Educação. Parecer CNE/CEB nº 22, de 17 de dezembro de 1998. *Diretrizes curriculares nacionais para a educação infantil*. Brasília, DF, 1998. Disponível em http://portal.mec.gov.br/dmdocuments/parecer_ceb_22.98.pdf. Acesso em 2-8-2017.

_____. Ministério da Educação. Conselho Nacional de Educação. Parecer CNE/CEB nº 14, de 14 de setembro de 1999. *Diretrizes curriculares nacionais da educação escolar indígena*. Brasília, DF, 1999. Disponível em http://portal.mec.gov.br/sesu/arquivos/pdf/leis2.pdf. Acesso em 2-8-2017.

_____. Ministério da Educação. Conselho Nacional de Educação. Parecer CNE/CEB nº 16, de 5 de outubro de 1999. Trata das diretrizes curriculares nacionais para a educação profissional de nível técnico. Brasília, DF, 1999. Disponível em http://portal.mec.gov.br/setec/arquivos/pdf/PCNE_CEB16_99.pdf. Acesso em 2-8-2017.

_____. Ministério da Educação. Conselho Nacional de Educação. Parecer CNE/CEB nº 4, de 16 de fevereiro de 2000. *Diretrizes operacionais para a educação infantil*. Brasília, DF, 2000. Disponível em http://portal.mec.gov.br/cne/arquivos/pdf/2000/pceb004_00.pdf. Acesso em 2-8-2017.

_____. Ministério da Educação. Conselho Nacional de Educação. Parecer CNE/CEB nº 11, de 10 de maio de 2000. *Diretrizes curriculares nacionais para a educação de jovens e adultos*. Brasília, DF, 2000. Disponível em http://portal.mec.gov.br/cne/arquivos/pdf/pceb011_00.pdf. Acesso em 2-8-2017.

_____. Ministério da Educação. Conselho Nacional de Educação. Parecer CNE/CEB nº 35, de 5 de novembro de 2003. Trata das normas para a organização e realização de estágio de alunos do ensino médio e da educação profissional. Brasília, DF, 2003. Disponível em http://portal.mec.gov.br/cne/arquivos/pdf/pceb35_03.pdf. Acesso em 2-8-2017.

_____. Ministério da Educação. Conselho Nacional de Educação. Parecer CNE/CEB nº 39, de 8 de dezembro de 2004. Aplicação do Decreto nº 5.154/2004 na educação profissional técnica de nível médio e no ensino médio. Brasília, DF, 2004. Disponível em http://portal.mec.gov.br/setec/arquivos/pdf_legislacao/rede/legisla_rede_parecer392004.pdf. Acesso em 2-8-2017.

_____. Ministério da Educação. Conselho Nacional de Educação. Parecer CNE/CEB nº 40, de 8 de dezembro de 2004. Trata das normas para execução de avaliação, reconhecimento e certificação de estudos previstos no artigo 41 da Lei nº 9.394/96 (LDB). Brasília, DF, 2004. Disponível em http://

portal.mec.gov.br/setec/arquivos/pdf_legislacao/tecnico/legisla_tecnico_parecer402004.pdf. Acesso em 2-8-2017.

_____. Ministério da Educação. Conselho Nacional de Educação. Parecer CNE/CEB nº 16, de 3 de agosto de 2005. *Proposta de diretrizes curriculares nacionais para a área profissional de serviços de apoio escolar.* Brasília, DF, 2005. Disponível em http://portal.mec.gov.br/cne/arquivos/pdf/pceb016_05.pdf. Acesso em 2-8-2017.

_____. Ministério da Educação. Conselho Nacional de Educação. Parecer CNE/CEB nº 20, de 15 de setembro de 2005. Inclusão da educação de jovens e adultos, prevista no Decreto nº 5.478/2005, como alternativa para a oferta da educação profissional técnica de nível médio de forma integrada com o ensino médio. Brasília, DF, 2005. Disponível em http://portal.mec.gov.br/cne/arquivos/pdf/pceb20_05.pdf. Acesso em 2-8-2017.

_____. Ministério da Educação. Conselho Nacional de Educação. Parecer CNE/CEB nº 11, de 12 de junho de 2008. *Proposta de instituição do catálogo nacional de cursos técnicos de nível médio.* Brasília, DF, 2008. Disponível em http://portal.mec.gov.br/setec/arquivos/pdf/pceb011_08.pdf. Acesso em 2-8-2017.

_____. Ministério da Educação. Conselho Nacional de Educação. Parecer CNE/CEB nº 7, de 7 de abril de 2010. *Diretrizes curriculares para a educação básica.* Brasília, DF, 2010. Disponível em http://pactoensinomedio.mec.gov.br/images/pdf/pceb007_10.pdf. Acesso em 2-8-2017.

_____. Ministério da Educação. Conselho Nacional de Educação. Parecer CNE/CEB nº 5, de 4 de maio de 2011. *Diretrizes curriculares nacionais para o ensino médio.* Brasília, DF, 2011. Disponível em http://portal.mec.gov.br/index.php?option=com_docman&view=download&alias=9915-pceb005-11-1-1&Itemid=30192. Acesso em 2-8-2017.

_____. Ministério da Educação. Conselho Nacional de Educação. Parecer CNE/CEB nº 11, de 9 de maio de 2012. *Diretrizes curriculares nacionais para a educação profissional técnica de nível médio.* Brasília, DF, 2012. Disponível em http://portal.mec.gov.br/index.php?option=com_docman&view=download&alias=10804-pceb011-12-pdf&Itemid=30192. Acesso em 2-8-2017.

_____. Ministério da Educação. Conselho Nacional de Educação. Parecer CNE/CEB nº 12, de 10 de maio de 2012. *Diretrizes operacionais para a oferta de educação a distância (EAD), em regime de colaboração entre os sistemas de ensino.* Brasília, DF, 2012. Disponível em http://portal.mec.gov.br/index.php?option=com_docman&view=download&alias=10805-pceb012-12-pdf&category_slug=maio-2012-pdf&Itemid=30192. Acesso em 2-8-2017.

_____. Ministério da Educação. Conselho Nacional de Educação. Parecer CNE/CEB nº 13, de 10 de maio de 2012. *Diretrizes curriculares nacionais para a educação escolar indígena.* Brasília, DF, 2012. Disponível em http://portal.mec.gov.br/index.php?option=com_docman&view=download&alias=10806-pceb013-12-pdf&Itemid=30192. Acesso em 2-8-2017.

_____. Ministério da Educação. Conselho Nacional de Educação. Parecer CNE/CEB nº 2, de 11 de março de 2015. Reexame do Parecer CNE/CEB nº 12/2012, que define diretrizes operacionais nacionais para a oferta de educação a distância (EAD), no âmbito da educação básica, em regime de colaboração entre os sistemas de ensino. Brasília, DF, 2015. Disponível em http://portal.mec.gov.br/index.php?option=com_docman&view=download&alias=17221-pceb002-15-1&category_slug=marco-2015-pdf&Itemid=30192. Acesso em 2-8-2017.

_____. Ministério da Educação. Conselho Nacional de Educação. Parecer CNE/CEB nº 9, de 7 de outubro de 2015. *Orientações para a promoção do acesso de povos indígenas de recente contato a processos educacionais.* Brasília, DF, 2015. Disponível em http://portal.mec.gov.br/index.php?option=com_docman&view=download&alias=25211-parecer-cne-ceb009-15-pdf&Itemid=30192. Acesso em 2-8-2017.

_____. Ministério da Educação. Conselho Nacional de Educação. Parecer CNE/CEB nº 13, de 11 de novembro de 2015. Reexame do Parecer CNE/CEB nº 2/2015, que reexaminou o Parecer CNE/CEB nº 12/2012, que define diretrizes operacionais nacionais para a oferta de educação a distância (EAD), no âmbito da educação básica, em regime de colaboração entre os sistemas de ensino. Brasília, DF, 2015. Disponível em http://portal.mec.gov.br/index.php?option=com_docman&view=download&alias=27581-pareceres-da-camara-de-educacao-basica-13-2015-pdf&category_slug=novembro-2015-pdf&Itemid=30192. Acesso em 2-8-2017.

_____. Ministério da Educação. Conselho Nacional de Educação. Parecer CNE/CEB nº 14, de 11 de novembro de 2015. *Diretrizes operacionais para a implementação da história e das culturas dos povos indígenas na educação básica, em decorrência da Lei nº 11.645/2008.* Brasília, DF, 2015. Disponível em http://portal.mec.gov.br/index.php?option=com_docman&view=download&alias=27591-pareceres-da-camara-de-educacao-basica-14-2015-pdf&Itemid=30192. Acesso em 2-8-2017.

_____. Ministério da Educação. Conselho Nacional de Educação. Parecer CNE/CES nº 436, de 2 de abril de 2001. *Cursos superiores de tecnologia – formação de tecnólogos.* Brasília, DF, 2001. Disponível em http://portal.mec.gov.br/cne/arquivos/pdf/CES0436.pdf. Acesso em 2-8-2017.

_____. Ministério da Educação. Conselho Nacional de Educação. Parecer CNE/CES nº 277, de 7 de dezembro de 2006. *Nova forma de organização da educação profissional e tecnológica de graduação.* Brasília, DF, 2006.

Disponível em http://portal.mec.gov.br/cne/arquivos/pdf/pces277_06.pdf. Acesso em 2-8-2017.

_____. Ministério da Educação. Conselho Nacional de Educação. Parecer CNE/CES nº 564, de 10 de dezembro de 2015. *Diretrizes e normas nacionais para a oferta de programas e cursos de educação superior na modalidade a distância*. Brasília, DF, 2015. Disponível em http://www.abed.org.br/arquivos/parecer_cne_ces_564_15.pdf. Acesso em 2-8-2017.

_____. Ministério da Educação. Conselho Nacional de Educação. Parecer CNE/CP nº 29, de 3 de dezembro de 2002. Trata das diretrizes curriculares nacionais no nível de tecnólogo. Brasília, DF, 2002. Disponível em http://portal.mec.gov.br/setec/arquivos/pdf_legislacao/superior/legisla_superior_parecer292002.pdf. Acesso em 2-8-2017.

_____. Ministério da Educação. Conselho Nacional de Educação. Parecer CNE/CP nº 6, de 2 de abril de 2014. *Diretrizes curriculares nacionais para a formação de professores indígenas*. Brasília, DF, 2014. Disponível em http://portal.mec.gov.br/index.php?option=com_docman&view=download&alias=15619-pcp006-14&category_slug=maio-2014-pdf&Itemid=30192. Acesso em 2-8-2017.

_____. Ministério da Educação. Conselho Nacional de Educação. Parecer CNE/CP nº 2, de 9 de junho de 2015. *Diretrizes curriculares nacionais para a formação inicial e continuada dos profissionais do magistério da educação básica*. Brasília, DF, 2015. Disponível em http://pronacampo.mec.gov.br/images/pdf/parecer_cne_cp_2_2015_aprovado_9_junho_2015.pdf. Acesso em 3-8-2017.

_____. Ministério da Educação. Conselho Nacional de Educação. Resolução CNE/CEB nº 2, de 7 de abril de 1998. Institui as diretrizes curriculares nacionais para o ensino fundamental. Brasília, DF, 1998. Disponível em http://portal.mec.gov.br/dmdocuments/resolucao_ceb_0298.pdf. Acesso em 3-8-2017.

_____. Ministério da Educação. Conselho Nacional de Educação. Resolução CNE/CEB nº 3, de 26 de junho de 1998. Institui as diretrizes curriculares nacionais para o ensino médio. Brasília, DF, 1998. Disponível em http://portal.mec.gov.br/cne/arquivos/pdf/rceb03_98.pdf. Acesso em 3-8-2017.

_____. Ministério da Educação. Conselho Nacional de Educação. Resolução CNE/CEB nº 1/, de 7 de abril de 1999. Institui as diretrizes curriculares nacionais para a educação infantil. Brasília, DF, 2004. Disponível em http://portal.mec.gov.br/cne/arquivos/pdf/CEB0199.pdf. Acesso em 3-8-2017.

_____. Ministério da Educação. Conselho Nacional de Educação. Resolução CNE/CEB nº 3, de 10 de novembro de 1999. Fixa diretrizes nacionais para o funcionamento das escolas indígenas e dá outras providências. Brasília: DF, 1999. Disponível em http://portal.mec.gov.br/cne/arquivos/pdf/CEB0399.pdf. Acesso em 3-8-2017.

_____. Ministério da Educação. Conselho Nacional de Educação. Resolução CNE/CEB nº 4, de 22 de dezembro de 1999. Institui as diretrizes curriculares nacionais para a educação profissional de nível técnico. Brasília, DF, 1999. Disponível em http://portal.mec.gov.br/dmdocuments/rceb004_99.pdf. Acesso em 3-8-2017.

_____. Ministério da Educação. Conselho Nacional de Educação. Resolução CNE/CEB nº 1, de 5 de julho de 2000. Estabelece as diretrizes curriculares nacionais para a educação de jovens e adultos. Brasília, DF, 2000. Disponível em http://portal.mec.gov.br/cne/arquivos/pdf/CEB012000.pdf. Acesso em 3-8-2017.

_____. Ministério da Educação. Conselho Nacional de Educação. Resolução CNE/CEB nº 1, de 21 de janeiro de 2004. Estabelece diretrizes nacionais para a organização e a realização de estágio de alunos da educação profissional e do ensino médio, inclusive nas modalidades de educação especial e de educação de jovens e adultos. Brasília, DF, 2004. Disponível em http://portal.mec.gov.br/seesp/arquivos/pdf/res1.pdf. Acesso em 3-8-2017.

_____. Ministério da Educação. Conselho Nacional de Educação. Resolução CNE/CEB nº 1, de 3 de fevereiro de 2005. Atualiza as diretrizes curriculares nacionais definidas pelo Conselho Nacional de Educação para o ensino médio e para a educação profissional técnica de nível médio às disposições do Decreto nº 5.154/2004. Brasília, DF, 2005. Disponível em http://portal.mec.gov.br/cne/arquivos/pdf/rceb001_05.pdf. Acesso em 3-8-2017.

_____. Ministério da Educação. Conselho Nacional de Educação. Resolução CNE/CEB nº 4, de 27 de outubro de 2005. Inclui novo dispositivo à Resolução CNE/CEB 1/2005, que atualiza as diretrizes curriculares nacionais definidas pelo Conselho Nacional de Educação para o ensino médio e para a educação profissional técnica de nível médio às disposições do Decreto nº 5.154/2004. Brasília, DF, 2005. Disponível em http://portal.mec.gov.br/cne/arquivos/pdf/rceb04_05.pdf. Acesso em 3-8-2017.

_____. Ministério da Educação. Conselho Nacional de Educação. Resolução CNE/CEB nº 5, de 22 de novembro de 2005. Inclui, nos quadros anexos à Resolução CNE/CEB nº 4/99, de 8/12/1999, como 21ª área profissional, a área de Serviços de Apoio Escolar. Brasília, DF, 2005. Disponível em http://portal.mec.gov.br/seb/arquivos/pdf/res_ceb_05.05%20_servapoiesc.pdf. Acesso em 3-8-2017.

_____. Ministério da Educação. Conselho Nacional de Educação. Resolução CNE/CEB nº 3, de 16 de agosto de 2006. Aprova as diretrizes e procedimentos técnico-pedagógicos para a implementação do ProJovem

[...]. Brasília, DF, 2006. Disponível em http://portal.mec.gov.br/cne/arquivos/pdf/rceb03_06.pdf. Acesso em 3-8-2017.

_____. Ministério da Educação. Conselho Nacional de Educação. Resolução CNE/CEB nº 3, de 9 de julho de 2008. Dispõe sobre a instituição e implantação do catálogo nacional de cursos técnicos de nível médio. Brasília, DF, 2008. Disponível em http://portal.mec.gov.br/setec/arquivos/pdf/rceb003_08.pdf. Acesso em 3-8-2017.

_____. Ministério da Educação. Conselho Nacional de Educação. Resolução CNE/CEB nº 2, de 30 de janeiro de 2012. Define diretrizes curriculares nacionais para o ensino médio. Brasília, DF, 2012. Disponível em http://pactoensinomedio.mec.gov.br/images/pdf/resolucao_ceb_002_30012012.pdf. Acesso em 3-8-2017.

_____. Ministério da Educação. Conselho Nacional de Educação. Resolução CNE/CEB nº 5, de 22 de junho de 2012. Define diretrizes curriculares nacionais para a educação escolar indígena na educação básica. Brasília, DF, 2012. Disponível em http://portal.mec.gov.br/index.php?option=com_docman&view=download&alias=11074-rceb005-12-pdf&Itemid=30192. Acesso em 3-8-2017.

_____. Ministério da Educação. Conselho Nacional de Educação. Resolução CNE/CEB nº 6, de 20 de setembro de 2012. Define diretrizes curriculares nacionais para a educação profissional técnica de nível médio. Brasília, DF, 2012. Disponível em: http://portal.mec.gov.br/index.php?option=com_docman&view=download&alias=11663-rceb006-12-pdf&category_slug=setembro-2012-pdf&Itemid=30192. Acesso em 3-8-2017.

_____. Ministério da Educação. Conselho Nacional de Educação. Resolução CNE/CEB nº 1, de 7 de janeiro de 2015. Institui diretrizes curriculares nacionais para a formação de professores indígenas em cursos de educação superior e de ensino médio e dá outras providências. Brasília, DF, 2015. Disponível em http://portal.mec.gov.br/index.php?option=com_docman&view=download&alias=16870-res-cne-cp-001-07012015&category_slug=janeiro-2015-pdf&Itemid=30192. Acesso em 3-8-2017.

_____. Ministério da Educação. Conselho Nacional de Educação. Resolução CNE/CEB nº 1, de 2 de fevereiro de 2016. Define diretrizes operacionais nacionais para o credenciamento institucional e a oferta de cursos e programas de ensino médio, de educação profissional técnica de nível médio e de educação de jovens e adultos, nas etapas do ensino fundamental e do ensino médio, na modalidade educação a distância, em regime de colaboração entre os sistemas de ensino. Brasília, DF, 2016. Disponível em http://portal.mec.gov.br/index.php?option=com_docman&view=download&alias=33151-resolucao-ceb-n1-feverei-

ro-2016-pdf&category_slug=fevereiro-2016-pdf&Itemid=30192. Acesso em 3-8-2017.

_____. Ministério da Educação. Conselho Nacional de Educação. Resolução CNE/CES nº 1, de 11 de março de 2016. Estabelece diretrizes e normas nacionais para a oferta de programas e cursos de educação superior na modalidade a distância. Brasília, DF, 2016. Disponível em http://portal.mec.gov.br/index.php?option=com_docman&view=download&alias=35541-res-cne-ces-001-14032016-pdf&category_slug=marco-2016-pdf&Itemid=30192. Acesso em 3-8-2017.

_____. Ministério da Educação. Conselho Nacional de Educação. Resolução CNE/CP nº 3, de 18 de dezembro de 2002. Institui as diretrizes curriculares nacionais gerais para a organização e o funcionamento dos cursos superiores de tecnologia. Brasília, DF, 2002. Disponível em http://portal.mec.gov.br/cne/arquivos/pdf/CP032002.pdf. Acesso em 3-8-2017.

_____. Ministério da Educação. Conselho Nacional de Educação. Resolução CNE/CP nº 1, de 7 de janeiro de 2015. Institui diretrizes curriculares nacionais para a formação de professores indígenas em cursos de educação superior e de ensino médio e dá outras providências. Brasília, DF, 2015. Disponível em http://portal.mec.gov.br/index.php?option=com_docman&view=download&alias=16870-res-cne-cp-001-07012015&category_slug=janeiro-2015-pdf&Itemid=30192. Acesso em 2-8-2017.

_____. Ministério da Educação. Conselho Nacional de Educação. Resolução CNE/CP nº 2, de 1º de julho de 2015. Define as diretrizes curriculares nacionais para a formação inicial em nível superior (cursos de licenciatura, cursos de formação pedagógica para graduados e cursos de segunda licenciatura) e para a formação continuada. Brasília, DF, 2015. Disponível em http://pronacampo.mec.gov.br/images/pdf/res_cne_cp_02_03072015.pdf. Acesso em 3-8-2017.

_____. Ministério da Educação. Portaria Normativa nº 17, de 28 de dezembro de 2009. Dispõe sobre o mestrado profissional no âmbito da Fundação Coordenação de Aperfeiçoamento de Pessoal de Nível Superior – Capes. Brasília: DF, 2009. Disponível em https://www.capes.gov.br/images/stories/download/legislacao/PortariaNormativa_17MP.pdf. Acesso em 2-8-2017.

_____. Ministério da Educação. Portaria nº 389, de 23 de março de 2017. Dispõe sobre o mestrado e doutorado profissional no âmbito da pós-graduação *stricto sensu*. Brasília, DF, 2017. Disponível em http://www.capes.gov.br/images/stories/download/legislacao/24032017-PORTARIA-No-389-DE-23-DE-MARCO-DE-2017.pdf. Acesso em 2-8-2017.

BIBLIOGRAFIA

_____. Ministério da Educação. Portaria Interministerial nº 5, de 25 de abril de 2014. Dispõe sobre a reorganização da Rede Nacional de Certificação Profissional – Rede CERTIFIC. Brasília, DF, 2014. Disponível em https://www.legisweb.com.br/legislacao/?id=269742. Acesso em 3-8-2017.

_____. Ministério da Educação. Rede Federal de Educação Profissional e Tecnológica. *Site institucional. Histórico.* Brasília, DF, 2016. Disponível em http://redefederal.mec.gov.br/historico. Acesso em 3-8-2017.

_____. Ministério da Educação. Rede Federal de Educação Profissional e Tecnológica. *Site institucional. Linha do tempo.* Brasília, DF, s/d. Disponível em http://redefederal.mec.gov.br/images/pdf/linha_tempo_11042016.pdf. Acesso em 3-8-2017.

_____. Ministério da Educação. Secretaria de Educação Profissional e Tecnológica. *Catálogo nacional de cursos técnicos.* Brasília, DF, 2016. Disponível em http://portal.mec.gov.br/index.php?option=com_docman&view=download&alias=41271-cnct-3-edicao-pdf&category_slug=maio-2016-pdf&Itemid=30192. Acesso em 3-8-2017.

_____. Ministério da Educação. Secretaria de Educação Profissional e Tecnológica. *Referências nacionais para a oferta de educação profissional e tecnológica com base em itinerários formativos.* Texto apostilado para debates. Brasília, DF, 2014.

_____. Ministério da Educação. Secretaria de Educação Profissional e Tecnológica. *Rede Certific – Perfis.* Brasília, DF, s/d. Disponível em http://portal.mec.gov.br/setec-secretaria-de-educacao-profissional-e-tecnologica/programas?id=15306. Acesso em 3-8-2017.

_____. Ministério da Educação. Secretaria de Educação Profissional e Tecnológica Secretaria de Regulação e Supervisão da Educação Superior. *Catálogo nacional de cursos superiores de tecnologia.* 3ª ed. Brasília, DF, 2016. Disponível em http://portal.mec.gov.br/index.php?option=com_docman&view=download&alias=44501-cncst-2016-3edc-pdf&category_slug=junho-2016-pdf&Itemid=30192. Acesso em 3-8-2017.

_____. Ministério da Educação & Ministério do Trabalho e Emprego. Portaria Interministerial nº 1.082, de 20 de novembro de 2009. Dispõe sobre a criação da Rede Nacional de Certificação Profissional e Formação Inicial e Continuada – Rede CERTIFIC. Brasília, DF, 2009. Disponível em http://www.adur-rj.org.br/4poli/gruposadur/gtpe/portaria_interministerial_1082_20_11_09.htm. Acesso em 3-8-2017.

_____. Ministério do Trabalho e Emprego. *Classificação Brasileira de Ocupações.* Brasília: DF, 2007-2017. Disponível em http://www.mtecbo.gov.br/cbosite/pages/home.jsf. Acesso em 3-8-2017.

BRASIL. Secretaria Nacional da Juventude. Conselho Nacional da Juventude. *Site institucional*. Disponível em http://juventude.gov.br/conjuve. Acesso em 3-8-2017.

CALLADO, Antônio. *Quarup*. 7ª ed. Rio de Janeiro: Civilização Brasileira, 1974.

CARVALHO, José Sérgio Fonseca de. *Reflexões sobre educação, formação e esfera pública*. Porto Alegre: Penso, 2012.

CASTRO, Claudio de Moura & SCHWARTZMAN, Simon. "Ensino, formação profissional e a questão da mão de obra". Em *Ensaio: avaliação e políticas públicas em Educação*, 21 (80), pp. 563-624. Rio de Janeiro: Fundação Cesgranrio, jul.-set. de 2013. Disponível em http://www.scielo.br/pdf/ensaio/v21n80/a10v21n80.pdf. Acesso em 3-8-2017.

CENTRO DE EDUCAÇÃO PROFISSIONAL do Sindicato dos Metalúrgicos de São Paulo. *Site institucional*. Disponível em http://escolatecnica.metalurgicos.org.br/. Acesso em 3-8-2017.

CENTRO DE EDUCAÇÃO TECNOLÓGICA DO AMAZONAS (Cetam). *Site institucional*. Disponível em https://www.educaedu-brasil.com/centros/cetam-centro-de-educacao-tecnologica-do-amazonas-uni3211. Acesso em 3-8-2017.

CENTRO DE INTEGRAÇÃO EMPRESA-ESCOLA. *Site institucional*. Disponível em http://www.ciee.org.br/. Acesso em 3-8-2017.

CENTRO PAULA SOUZA. *Site institucional. Quem somos. Histórico*. Disponível em http://www.cps.sp.gov.br/quem-somos-perfil-historico/. Acesso em 3-8-2017.

CIAVATTA, Maria & RAMOS, Marise. "A 'era das diretrizes': a disputa pelo projeto de educação dos mais pobres". Em *Revista Brasileira de Educação*, 17 (49), jan.-abr. de 2012. Disponível em http://www.scielo.br/pdf/rbedu/v17n49/a01v17n49.pdf. Acesso em 3-8-2017.

COMISSÃO INTERMINISTERIAL DE CERTIFICAÇÃO PROFISSIONAL. *Sistema Nacional de Certificação Profissional – SNCP: proposta governamental*. Brasília: CICP, 2005. Disponível em http://portal.mec.gov.br/setec/arquivos/pdf/certifica_minuta.pdf. Acesso em 3-8-2017.

CONCEIÇÃO, Marcelo Rodrigues. *Historiografia do ensino profissional paulista: as marcas do modo de produção*. Tese de doutorado, São Paulo: PUC-SP, 2010. Disponível em http://www.dominiopublico.gov.br/pesquisa/DetalheObraForm.do?select_action=&co_obra=175799. Acesso em 3-8-2017.

BIBLIOGRAFIA

CONSTITUIÇÃO DA REPÚBLICA FEDERATIVA DO BRASIL de 1988. Brasília: Congresso Nacional, 1988. Disponível em http://www.planalto.gov. br/ccivil_03/constituicao/constituicaocompilado.htm. Acesso em 3-8-2017.

CORDÃO, Francisco Aparecido. "A certificação profissional no Brasil". Em *Boletín Cinterfor,* nº 152, pp. 215-222. Montevidéu: Cinterfor, 2002. Disponível em http://www.oitcinterfor.org/sites/default/files/file_articulo/ cordao.pdf. Acesso em 3-8-2017.

_____. "A educação 3.0 – a escola do futuro chegou?". Em *Revista Aprendizagem*, ano 7, nº 36, pp. 16-17 (Práticas pedagógicas). Pinhais: Melo, 2013.

_____. "A educação profissional como uma das dimensões do direito à profissionalização." Em RONCA, Antonio Carlos Caruso & ALVES, Luiz Roberto (orgs.). *O Plano Nacional de Educação e o Sistema Nacional de Educação: educar para a equidade,* pp. 57-73. São Paulo: Fundação Santillana, 2015.

_____. "A educação profissional no Brasil". Em PARDAL, Luís *et al. Ensino médio e ensino técnico no Brasil e em Portugal: raízes históricas e panorama atual.* Campinas: Autores Associados, 2005.

_____. "A importância do empreendedorismo na educação". Em *Revista Aprendizagem*, ano 4, nº 21, pp. 30-31, Práticas pedagógicas. Pinhais: Melo, 2010.

_____. "A LDB e a nova educação profissional". Em *Boletim Técnico do Senac,* 28 (1). Rio de Janeiro: Editora Senac Nacional, jan.-abr. de 2002.

_____. "As novas diretrizes curriculares nacionais para a educação básica e suas implicações na educação profissional técnica de nível médio". Em *Boletim Técnico Senac: a revista da educação profissional*, 37 (3), pp. 41-55. Rio de Janeiro: Senac Nacional, set.-dez. de 2011. Disponível em http:// www.bts.senac.br/index.php/bts/article/view/184. Acesso em 3-8-2017.

_____. "Considerações livres de um educador brasileiro sobre os 50 anos da nossa Lei de Diretrizes e Bases da Educação Nacional". Em *Boletim Técnico Senac: a revista da educação profissional*, 38 (1), pp. 74-83. Rio de Janeiro: Senac Nacional, jan.-abr. de 2012. Disponível em http://www.bts. senac.br/index.php/bts/article/view/177. Acesso em 3-8-2017.

_____. "Desafios das diretrizes curriculares nacionais para a educação profissional". Em *Boletim Técnico Senac: a revista da educação profissional*, 39 (2), pp. 26-47. Rio de Janeiro: Senac Nacional, mai.-ago. de 2013. Disponível em http://www.bts.senac.br/index.php/bts/article/view/348. Acesso em 3-8-2017.

_____. "Desafios e tendências da educação profissional no Brasil". Em *Revista Aprendizagem*, ano 3, nº 12, pp. 60-62, Seção Temática. Pinhais: Melo, mai.-jun. de 2009.

_____. "Exigências de contínuo aprimoramento profissional para uma melhor qualificação dos professores". Em *Revista Aprendizagem*, ano 5, nº 25, pp. 58-61, Seção Temática. Pinhais: Melo, 2011.

_____. "O novo Enem e sua proposta interdisciplinar". Em *Revista Aprendizagem*, ano 3, nº 14, pp. 56-57, Seção Temática. Pinhais: Melo, 2009.

_____. "Plano Nacional de Educação (PNE)". Em *Revista de Educação do COGEIME*, ano 22, nº 42, pp. 11-27, jan.-jun. de 2013. Disponível em http://www.bibliotekevirtual.org/revistas/Metodista-COGEIME/COGEIME/v22n42/v22n42a01.pdf. Acesso em 3-8-2017.

_____. "Unidade escolar e organização plural". Em *Revista Aprendizagem*, ano 3, nº 13, Práticas pedagógicas. Pinhais: Melo, jul.-ago. de 2009.

_____. & CRUZ, Priscila. "Desafios imediatos da educação profissional". Em *Boletim Técnico Senac: a revista da educação profissional*, 39 (3), pp. 148-153. Entrevista. Rio de Janeiro: Editora Senac Nacional, set.-dez. de 2013. Disponível em www.bts.senac.br/index.php/bts/article/download/128/113. Acesso em 3-8-2017.

_____. & CURY, Carlos Roberto Jamil. "Educação profissional: cidadania e trabalho". Em *Boletim Técnico Senac: a revista da educação profissional*, 32 (1), pp. 46-55, entrevista. Rio de Janeiro: Editora Senac Nacional, jan.-abr. de 2006. Disponível em www.bts.senac.br/index.php/bts/article/view/326. Acesso em 3-8-2017.

_____. & MALDONATO, Mario. "Educar para um pensamento voltado à inovação". Em *Boletim Técnico Senac: a revista da educação profissional*, 38 (3), pp. 82-85, entrevista. Rio de Janeiro: Editora Senac Nacional, set.-dez. de 2012. Disponível em www.bts.senac.br/index.php/bts/article/download/158/143. Acesso em 3-8-2017.

COSTA, Marcia da Silva. "Reestruturação produtiva, sindicatos e a flexibilização das relações de trabalho no Brasil". Em *RAE-eletrônica*, 2 (2), jul.-dez. de 2003. Disponível em http://www.scielo.br/pdf/raeel/v2n2/v2n2a10.pdf. Acesso em 3-8-2017.

CUNHA, Luiz Antônio. "O ensino industrial-manufatureiro no Brasil". Em: *Revista Brasileira de Educação*. São Paulo, nº 14. Rio de Janeiro: Anped, mai.-jun.-jul.-ago. de 2000. Disponível em http://educa.fcc.org.br/pdf/rbedu/n14/n14a06.pdf. Acesso em 3-8-2017.

_____. *O ensino de ofícios artesanais e manufatureiros no Brasil escravocrata*. 2. ed. São Paulo/Brasília: Editora da Unesp/Flacso, 2005a.

BIBLIOGRAFIA

_____. *O ensino de ofícios nos primórdios da industrialização*. 2. ed. São Paulo/Brasília: Editora da Unesp;/ Flacso, 2005b.

DAYREL, Juarez *et al.* (orgs.). *Juventude e ensino médio: sujeitos e currículos em diálogo*. Belo Horizonte: Editora UFMG, 2014. Disponível em http://educacaointegral.org.br/wp-content/uploads/2015/01/livro-completo_juventude-e-ensino-medio_2014.pdf. Acesso em 3-6-2017.

DELORS, Jacques *et al. Educação: um tesouro a descobrir [...]*. Trad. Guilherme João de Freitas Teixeira. Brasília: Unesco, 2010. Disponível em: http://unesdoc.unesco.org/images/0010/001095/109590por.pdf. Acesso em 3-8-2017.

DEMO, Pedro. *A nova LDB: ranços e avanços*. Coleção Magistério: formação e trabalho pedagógico. 20. ed. Campinas: Papirus, 2008.

DIAS, Jussara & FREIRE, Lucienne (org.). *Diversidade – avanço conceitual para a educação profissional e o trabalho: ensaios e reflexões*. Brasília: OIT, 2002. Disponível em http://www.oitbrasil.org.br/content/diversidade--avan%C3%A7o-conceitual-para-educa%C3%A7%C3%A3o-profissional--e-o-trabalho-ensaio-e-reflex%C3%A3o. Acesso em 3-8-2017.

DIEESE. *Site institucional*. Disponível em http://www.dieese.org.br/. Acesso em 3-8-2017.

ÉBOLI, Marisa. *Educação corporativa no Brasil: mitos e verdades*. São Paulo: Gente, 2004.

EMENDA CONSTITUCIONAL nº 1, de 17 de outubro de 1969. *Edita o novo texto da Constituição Federal de 24 de janeiro de 1967*. Brasília: Governo Federal, 1969. Disponível em http://www.planalto.gov.br/ccivil_03/Constituicao/Emendas/Emc_anterior1988/emc01-69.htm. Acesso em 3-8-2017.

EMENDA CONSTITUCIONAL nº 59, de 11 de novembro de 2009. *Acrescenta [...] para reduzir ...] o percentual da Desvinculação das Receitas da União incidente sobre os recursos destinados à manutenção e desenvolvimento do ensino [...] prever a obrigatoriedade do ensino de quatro a dezessete anos e ampliar a abrangência dos programas suplementares para todas as etapas da educação básica [...]*. Brasília: Congresso Nacional, 2009. Disponível em http://www.planalto.gov.br/ccivil_03/constituicao/emendas/emc/emc59.htm. Acesso em 3-8-2017.

FAETEC – Fundação de Apoio à Escola Técnica. *Site institucional. Apresentação Faetec*. Rio de Janeiro, s/d. Disponível em http://www.faetec.rj.gov.br/index.php/institucional/apresentacao-faetec. Acesso em 3-8-2017.

FÁVERO, Maria de Lourdes de Albuquerque & BRITTO, Jader de Medeiros (org.). *Dicionário de educadores do Brasil da colônia aos dias atuais*. Rio de Janeiro: Editora UFRJ/MEC-Inesp-Comped, 1999.

FERNANDES, Florestan. "Notas sobre a educação na sociedade tupinambá". Em FERNANDES, Florestan. *A investigação etnológica no Brasil e outros ensaios*. São Paulo: Global, 2009.

FONSECA, Celso Suckow. *História do ensino industrial no Brasil*. 5 vols., 2. ed. Rio de Janeiro: Senai/DPEA, 1986.

GADOTTI, Moacir. *História das ideias pedagógicas*. 8. ed. São Paulo: Ática, 1999.

GARCIA, Sandra Regina de Oliveira & GREGÓRIO, Ana Nelly de Castro (org.). *O ensino médio integrado à educação profissional: concepções e construções a partir da implantação na rede pública do Paraná*. Curitiba: SEED/PR, 2008.

GASPAR, Lúcia. *Liceu de Artes e Ofícios, Recife, PE*. Recife: Fundação Joaquim Nabuco, 2009. Disponível em http://basilio.fundaj.gov.br/pesquisaescolar/index.php?option=com_content&id=307. Acesso em 3-8-2017.

GEOFFREY, Blainey. *Uma breve história do mundo*. São Paulo: Fundamento Educacional, 2011.

GOMES, Heloisa Maria & MARINS, Hiloko Ogihara. *A ação docente na educação profissional*. São Paulo: Editora Senac São Paulo, 2004.

GOMES, Laurentino. *1808: como uma rainha louca, um príncipe medroso e uma corte corrupta enganaram Napoleão e mudaram a história de Portugal e do Brasil*. São Paulo: Planeta, 2007.

_____. *1822: como um homem sábio, uma princesa triste e um escocês louco por dinheiro ajudaram dom Pedro a criar o Brasil – um país que tinha tudo para dar errado*. Rio de Janeiro: Nova Fronteira, 2010.

_____. *1889: como um imperador cansado, um marechal vaidoso e um professor injustiçado contribuíram para o fim da Monarquia e a Proclamação da República no Brasil*. São Paulo: Globo, 2013.

GUIMARÃES, Ana Paula Fernandes Prata & CHAMON, Carla Simone. *Roberto Mange: atuação e proposições para a formação do trabalhador da indústria brasileira (1913-1955)*. Apostila, 20 p. Belo Horizonte: Cefet de Minas Gerais, s/d. Disponível em http://www.senept.cefetmg.br/galerias/Anais_2012/GT-04/GT04-002.pdf. Acesso em 3-8-2017.

IDM – Instituto de Desenvolvimento da Educação Profissional Dom Moacyr. *Apresentação IDM*. Rio Branco: IDM, s/d. Disponível em http://www.idep.ac.gov.br/wps/portal/idm/idm/principal/?1dmy&page=Principal&urile=wcm%3apath%3a/dom+moacyr/portal+dom+moacyr/principal/institucional/apresentacao. Acesso em 3-8-2017.

INEP – INSTITUTO NACIONAL DE ESTUDOS E PESQUISAS EDUCACIONAIS ANÍSIO TEIXEIRA. *Formação de professores para educação profissional e tecnológica.* Coleção Educação Superior em Debate, vol. 8. Brasília: Inep, 2008. Disponível em http://www.publicacoes.inep.gov.br/portal/download/676. Acesso em 3-8-2017.

INTERNATIONAL LABOUR ORGANIZATION. C142 – Human Resources Development Convention, nº 142. *Convention concerning Vocational Guidance and Vocational Training in the Development of Human Resources.* Genebra: ILO, 1975. Disponível em http://www.ilo.org/dyn/normlex/en/f?p=NORMLEXPUB:12100:0::NO:12100:P12100_INSTRUMENT_ID:312287:NO. Acesso em 3-8-2017.

_____. R150 – Human Resources Development Recommendation, nº 150. *Recommendation concerning Vocational Guidance and Vocational Training in the Development of Human Resources.* Geneva: ILO, 1975. Disponível em http://www.ilo.org/dyn/normlex/en/f?p=NORMLEXPUB:12100:0::NO:12100:P12100_INSTRUMENT_ID:312488:NO. Acesso em 3-8-2017.

KORITIAKE, Luiz Antonio (org). *Formação profissional: Escola Técnica Estadual "Fernando Prestes" ontem e hoje.* São Roque: Editora Página Dez, 2011.

KUENZER, Acácia Zeneida. *Pedagogia da fábrica: as relações de produção e a educação do trabalhador.* 8. ed. São Paulo: Cortez, 2002.

KÜLLER, José Antonio. *Ritos de passagem.* São Paulo: Editora Senac São Paulo, 1996.

_____ & MORAES, Francisco de. *Currículos integrados no ensino médio e na educação profissional: desafios, experiências e propostas.* São Paulo: Editora Senac São Paulo, 2016.

_____ & RODRIGO, Natalia F. *Metodologia de desenvolvimento de competências.* Rio de Janeiro: Editora Senac Nacional, 2013.

LICEU DE ARTES E OFÍCIOS DE SÃO PAULO. *Site institucional.* Disponível em http://www.liceuescola.com.br/. Acesso em 3-8-2017.

LICEU DE ARTES E OFÍCIOS DO RIO DE JANEIRO. *Site institucional. Quem somos.* Disponível em http://www.liceudearteseoficios.com.br/. Acesso em 3-8-2017.

LOPEZ, Adriana & MOTA, Carlos Guilherme. *História do Brasil: uma interpretação.* São Paulo: Editora Senac São Paulo, 2008.

MACIEL, Osvaldo Batista Acioly (org.). *Operários em movimento: documentos para a história da classe trabalhadora em Alagoas, 1870-1960.* Maceió: Edufal, 2007.

MANFREDI, Silvia Maria. *Educação profissional no Brasil.* São Paulo: Cortez, 2002.

_____. *Qualificação e educação: reconstruindo nexos e inter-relações.* Coleção Qualificação Social e Profissional – Construindo a pedagogia do trabalho, vol. 1. Brasília: MTE, SPPE, DEQ, 2005.

_____. *Sistema nacional de certificação profissional: subsídios para reflexão e debate.* Coleção Qualificação social e profissional – Construindo institucionalidades, vol. 1. Brasília: MTE, SPPE, DEQ, 2005.

MASCELLANI, Maria N. *Uma pedagogia para o trabalhador: o ensino vocacional como base para uma proposta pedagógica de capacitação profissional de trabalhadores desempregados (Programa Integrar CNM/CUT).* Tese de doutorado. São Paulo: USP, 1999.

MATOS, Odilon Nogueira de. *Café e Ferrovias: A evolução ferroviária de São Paulo e o desenvolvimento da cultura cafeeira.* Coleção Monografias 3. São Paulo: Arquivo do Estado, 1981.

MICELI, Paulo. *História, histórias: o jogo dos jogos.* Coleção Trajetória 4. Campinas: Editora Unicamp, 1996.

_____. *O ponto onde estamos: viagem e viajantes na história da expansão e da conquista (Portugal, século XV e XVI).* 4. ed. Campinas: Editora Unicamp, 2008.

MOEHLECKE, Sabrina. "O ensino médio e as novas diretrizes curriculares nacionais: entre recorrências e novas inquietações". Em *Revista Brasileira de Educação.* 17 (49), jan.-abr. de 2012, pp. 39-58. Disponível em http://www.scielo.br/pdf/rbedu/v17n49/a02v17n49.pdf. Acesso em 3-8-2017.

MOLL, Jaquelini *et al. Educação profissional e tecnológica no Brasil contemporâneo: Desafios, tensões e possibilidades.* Porto Alegre: Artmed, 2010.

MORAES, Carmen Sylvia Vidigal. *A socialização da força de trabalho: instrução popular e qualificação profissional no estado de São Paulo – 1873/1934.* Tese de doutorado. São Paulo: USP, 1990.

_____ & ALVES, Júlia Falivene. *Escolas profissionais públicas do Estado de São Paulo: uma história em imagens.* Álbum fotográfico. São Paulo: Centro Paula Souza, 2002.

MORAES, Francisco de. *Empresas-escola: educação para o trabalho* versus *educação pelo trabalho.* 2. ed. São Paulo: Editora Senac São Paulo, 2012.

MOTA, Carlos Guilherme (org.). *Viagem incompleta: a experiência brasileira (1500-2000). Formação: histórias.* São Paulo: Editora Senac São Paulo, 2000.

_____. *Viagem incompleta. A experiência brasileira (1500-2000). A grande transação.* São Paulo: Editora Senac São Paulo, 2000.

MOTOYAMA, Shozo (org.). *Educação técnica e tecnológica em questão. 25 anos do Ceeteps. História vivida*. São Paulo: Edunesp/Ceeteps, 1995.

MÜLLER, Meire Terezinha. "A educação profissionalizante no Brasil: das corporações de ofício à criação do Senai". Em *Revista da RET – Rede de Estudos do Trabalho*. Ano III, nº 5, 2009. Disponível em http://www.estu-dosdotrabalho.org/8RevistaRET5.pdf. Acesso em 3-8-2017.

NICOLESCU, Basarab. "Um novo tipo de conhecimento – transdisciplinaridade". Em *Educação e transdisciplinaridade*. Brasília: Unesco, 2000, pp. 9-25. Disponível em http://unesdoc.unesco.org/images/0012/001275/127511por.pdf. Acesso em 3-8-2017.

NISKIER, Arnaldo. *História da educação brasileira: de José de Anchieta aos dias de hoje – 1500/2010*. 3. ed. São Paulo: Europa, 2011.

NOGUEIRA, Nilbo Ribeiro. *Pedagogia dos projetos: uma jornada interdisciplinar rumo ao desenvolvimento das múltiplas inteligências*. São Paulo: Érica, 2001.

OFICINA INTERNACIONAL DEL TRABAJO. *Recomendación 195. Recomendación sobre el desarrollo de los recursos humanos: educación, formación y aprendizaje permanente*. Genebra: OIT, 17-6-2004. Disponível em http://www.ilo.org/dyn/normlex/es/f?p=NORMLEXPUB:12100:0::NO::P12100_ILO_CODE:R195. Acesso em 3-8-2017.

OLIVEIRA, Maria Auxiliadora Monteiro *et al. Educação profissional e a lógica das competências*. Petrópolis: Vozes, 2007.

OLIVEIRA, Ramon de. *A (des)qualificação da educação profissional brasileira*. Coleção Questões da Nossa Época, vol. 101. São Paulo: Cortez, 2003.

ORGANIZAÇÃO INTERNACIONAL DO TRABALHO. *Recomendação sobre a valorização dos recursos humanos. R195, 2004*. Lisboa: Escritório da OIT, 2005. Disponível em http://www.ilo.org/public/portugue/region/eurpro/lisbon/pdf/rec_195.pdf. Acesso em 3-8-2017.

PACHECO, Eliezer Moreira & MORIGI, Valter. *Ensino técnico, formação profissional e cidadania: a revolução da educação profissional e tecnológica*. São Paulo: Penso, 2012.

PETEROSSI, Helena Gemignani. *O tecnólogo e o mercado de trabalho: acompanhamento do aluno egresso da Faculdade de Tecnologia de São Paulo*. São Paulo: Copidart, 1999.

_____. *Subsídios ao estudo da Educação Profissional e Tecnológica*. São Paulo: Centro Paula Souza, 2014.

PINTO, Álvaro Vieira. *O conceito de tecnologia*. 2 vols. Rio de Janeiro: Contraponto, 2005.

PLANTAMURA, Vitangelo (coord). *Educação e qualificação profissional no contexto de regionalização e globalização*. Manaus: EDUA, 1999.

PORTO, Walter Costa (org.). *Constituições Brasileiras*. 3. ed. 4 vols. Brasília, DF, 2012. Disponível em https://www2.senado.leg.br/bdsf/bitstream/handle/id/137571/Constituicoes_Brasileiras_v4_1937.pdf?sequence=9. Acesso em 3-8-2017.

PRADA, Cecília. "Peabiru, a trilha misteriosa". Em *Revista Problemas Brasileiros*, nº 407. São Paulo: FecomercioSP, 8-9-2011. Disponível em https://www.sescsp.org.br/online/artigo/5670_PEABIRU+A+TRILHA+MISTERIOSA. Acesso em 3-8-2017.

RIBEIRO, Darcy. *Maíra*. 3. ed. Rio de Janeiro: Civilização Brasileira, 1978.

_____. *Uirá sai* à procura de Deus. Rio de Janeiro: Paz e Terra, 1974.

RICARDO, Eleonora Jorge (org.). *Educação corporativa: cases, reflexões e ações em educação a distância*. São Paulo: Pearson Prentice Hall, 2007.

ROSE, Mike. *O saber no trabalho: valorização da inteligência do trabalhador*. São Paulo: Editora Senac São Paulo, 2007.

RUGIU, Antonio Santoni. *Nostalgia do mestre artesão*. Coleção Memórias da educação. Campinas: Autores Associados, 1998.

SANTOS, Jurandir. *Educação profissional & práticas de avaliação*. São Paulo: Editora Senac São Paulo, 2010.

SÃO PAULO. Secretaria da Educação. Conselho Estadual de Educação. Deliberação CEE/SP nº 30, de 30 de outubro de 1972. *Estabelece normas gerais para o ensino supletivo no sistema de ensino do estado de São Paulo.* São Paulo: CEE/SP, 1972. Disponível em https://iage.fclar.unesp.br/ceesp/textos/1972/del_30_72_s_Maiara_c_augusto_w_augusto.pdf. Acesso em 3-8-2017.

_____. Secretaria da Educação. Conselho Estadual de Educação. Deliberação CEE/SP nº 14, de 12 de novembro de 1972. *Estabelece normas gerais para o ensino supletivo no sistema de ensino do estado de São Paulo [...]*. São Paulo: CEE/SP, 1972. Disponível em https://iage.fclar.unesp.br/ceesp/textos/1973/del_14_73_s_Heitor_c_gustavo_w_gustavo.pdf. Acesso em 3-8-2017.

_____. Secretaria da Educação. Conselho Estadual de Educação. Deliberação CEE/SP nº 23, de 30 de novembro de 1983. *Estabelece normas gerais para o ensino supletivo no sistema de ensino do estado de São Paulo [...]*. São Paulo: CEE/SP, 1983. Disponível em https://iage.fclar.unesp.br/ceesp/textos/1983/del_23_83_s_luis_c_jessica_w_jessica.pdf. Acesso em 3-8-2017.

BIBLIOGRAFIA

_____. Secretaria da Educação. Conselho Estadual de Educação. Indicação CEE/SP nº 9, de 30 de novembro de 1983. *Reformulação da deliberação CEE nº 19/82, que estabelece normas para o Ensino Supletivo, no sistema de ensino do Estado de São Paulo.* São Paulo: CEE/SP, 1983. Disponível em https://iage.fclar.unesp.br/ceesp/textos/1983/ind_09_83_pro_1579_82_s_Luis_c_carol_w_carol.pdf. Acesso em 3-8-2017.

SCHWARTZMAN, Simon. *Educação média profissional no Brasil: situação e caminhos.* São Paulo: Fundação Santillana, 2016.

SEBRAE – SERVIÇO BRASILEIRO DE APOIO ÀS MICRO E PEQUENAS EMPRESAS. *Site institucional. Quem somos.* Disponível em http://www.sebrae.com.br/sites/PortalSebrae/canais_adicionais/conheca_quemsomos. Acesso em 3-8-2017.

SERVIÇO NACIONAL DE APRENDIZAGEM COMERCIAL. *Site institucional.* Disponível em http://www.senac.br/. Acesso em 3-8-2017.

SERVIÇO NACIONAL DE APRENDIZAGEM DO COOPERATIVISMO. *Site institucional.* Disponível em http://www.somoscooperativismo.coop.br//page-sescoop. Acesso em 3-8-2017.

SERVIÇO NACIONAL DE APRENDIZAGEM DO TRANSPORTE & SERVIÇO SOCIAL DO TRANSPORTE. *Site institucional.* Disponível em http://www.sestsenat.org.br/. Acesso em 3-8-2017.

SERVIÇO NACIONAL DE APRENDIZAGEM INDUSTRIAL. *Site institucional.* Disponível em http://www.portaldaindustria.com.br/senai/. Acesso em 3-8-2017.

SERVIÇO NACIONAL DE APRENDIZAGEM RURAL. *Site institucional.* Disponível em http://www.senar.org.br/. Acesso em 3-7-2017.

SILVA, Lucílio Luís. *Educação e trabalho para o progresso da nação: o Liceu de Artes e Ofícios de Ouro Preto* (1886-1946). Dissertação de mestrado. Belo Horizonte: Cefet/MG, 2009.

SILVA, Rafael Celestino da & FERREIRA, Márcia de Assunção. "Um deslocamento do olhar sobre o conhecimento especializado em enfermagem: debate epistemológico". Em *Revista Latino-americana de Enfermagem*, 16 (6), nov.-dez. de 2008. Disponível em http://www.scielo.br/pdf/rlae/v16n6/pt_17.pdf. Acesso em 3-8-2017.

TEIXEIRA FILHO, Jayme. *Gerenciando conhecimento: como a empresa pode usar a memória organizacional e a inteligência competitiva no desenvolvimento de negócios.* Rio de Janeiro: Editora Senac Rio, 2000.

TEIXEIRA, Andrea. *Universidades corporativas × educação corporativa: o desenvolvimento do aprendizado contínuo.* Rio de Janeiro: Qualitymark, 2001.

TEIXEIRA, Maria Luisa Mendes (org.). *Valores humanos & gestão: novas perspectivas*. São Paulo: Editora Senac São Paulo, 2008.

THOMAS, Jérôme. "As crianças tupinambás e sua educação no século XVI: ternura, dor, obediência". Em *Revista Brasileira de História da Educação, Maringá-PR, vol. 14, nº 1 (34), pp. 23-47*. Trad. Carmen Lúcia Soares. Maringá: RBHE, jan.-abr. de 2014. Disponível em http://www.rbhe.sbhe. org.br/index.php/rbhe/article/view/614/pdf_11. Acesso em 3-8-2017.

TRÓPIA, Patrícia Vieira. "Ação sindical e educação profissional no contexto neoliberal". Em *Revista de Educação PUC-Campinas*, nº 20, pp. 65-75. Campinas: PUC-Campinas, junho 2006. Disponível em https://periodicos.puc-campinas.edu.br/seer/index.php/reveducacao/article/view/222. Acesso em 3-8-2017.

VEIGA, Cynthia Greive *et al.* (orgs.). *500 anos de educação no Brasil*. Belo Horizonte: Autêntica, 2000.

WEINSTEIN, Barbara. *(Re)formação da classe trabalhadora no Brasil, 1920-1964*. São Paulo: Cortez, 2000.

_____. "O discurso da competência técnica e estratégias de autoridade e poder no processo de industrialização brasileira". Em *Revista Ciências do Trabalho*, 1 (1), pp. 9-49. São Paulo: Escola Dieese de Ciências do Trabalho, 2013. Disponível em http://rct.dieese.org.br/rct/index.php/rct/article/view/33/pdf_1. Acesso em 3-8-2017.

ZARIFIAN, Philippe. *O modelo da competência: trajetória histórica, desafios atuais e propostas*. São Paulo: Editora Senac São Paulo, 2003.

ZUCCHI, Bianca Barbagallo. "A criação da escola de ferroviários da Companhia Sorocabana". Em *Histórica*, nº 4. São Paulo: Arquivo Público do Estado de São Paulo, agosto de 2005. Disponível em http://www.historica. arquivoestado.sp.gov.br/materias/anteriores/edicao04/materia02/. Acesso em 3-8-2017.

Sobre os autores

FRANCISCO APARECIDO CORDÃO é diretor da Peabiru Educacional Ltda. – Consultoria Educacional Peabiru. Foi titular da Câmara de Educação Básica do Conselho Nacional de Educação durante quatro mandatos (1998-2006 e 2008-2016), a qual dirigiu durante cinco anos. Foi membro do Conselho Estadual de Educação de São Paulo durante dezoito anos, sendo três anos como conselheiro suplente e quinze anos como conselheiro titular. Nesse período, foi presidente do Colegiado durante três mandatos, entre os anos de 1989 a 1990 e de 1995 a 1997, tendo sido um dos fundadores do Fórum Nacional de Conselhos Estaduais de Educação. Foi relator dos principais pareceres desses dois Conselhos sobre educação profissional e tecnológica, incluindo os Pareceres Normativos CNE/CEB nº 16/99 e nº 11/12, que fundamentaram as diretrizes curriculares nacionais para a educação profissional técnica de nível médio. Licenciado em filosofia, teologia e pedagogia. Especialista em educação profissional, administração educacional e sociologia da educação. Foi professor de filosofia e atuou durante mais de trinta anos no Senac São Paulo, ocupando cargos técnicos e gerenciais. Titular da Academia Paulista de Educação e Oficial da Ordem Nacional do Mérito Educativo. Presta serviços educacionais a sistemas, organizações e instituições educacionais, tais como o Senac, o Sesc e a Representação da Unesco no Brasil.

 **FRANCISCO DE MORAES** é consultor educacional, com focos prioritários em educação profissional e educação corporativa. Foi sócio-diretor da Plus Qualidade e Educação Ltda. e atualmente é consultor associado da Peabiru Educacional Ltda. Pedagogo pela Unesp, com pós-graduação em didática, gestão educacional, gestão mercadológica e recursos humanos. Foi gestor educacional do Senac São Paulo até 2007, diretor de Etec no Centro Paula Souza e consultor da Representação da Unesco no Brasil. Integrou o Conselho Estadual de Educação de São Paulo, o Conselho Diretor do Instituto Federal de Educação, Ciência e Tecnologia de São Paulo e o Conselho Superior da rede Senac de Educação a Distância. Autor do livro *Empresas-escola: educação para o trabalho* versus *educação pelo trabalho* e coautor do livro *Currículos integrados no ensino médio e na educação profissional: desafios, experiências e propostas*, ambos publicados pela Editora Senac São Paulo.